KB131856

후각과 환상

후각과 환상

한태희 지음

프롤로그

칼리 사원

뜨거운 오후, 인도 콜카타의 거리는 과연 북새통이다. 쉴 새 없이 경적을 울려 대는 자동차와 노란 릭샤 사이로 수많은 사람들이 떠밀려 움직인다. 매연과 땀 냄새, 알싸한 카레 향이 스친다. 우기를 예고하듯 습기가 밀려오고, 궁전 낡은 벽에 검은 곰팡이가 무성하다. 거리 한편에 걸인이 사는 오두막과 물건 파는 좌판들이 얽혀 있다. 힌두 사원으로 향하는 길, 늘어선 꽃가게에선 제사에 바치는 금잔화와 재스민 다발이 강렬한 향을 뿜는다.

칼리 사원Kali Temple 앞이다. 멀리 보이는 제단에 향 연기가 자욱하다. 그 옆에선 긴 칼 움켜쥔 사내가 염소 목을 쳐 제물을 준비한다. 피 냄새가 역하게 풍겨오고, 사원 벽에는 붉은 핏자국이 선명하다. 진한 꽃향기와 향 연기에 피비린내까지. 이 뒤죽박죽 온갖 냄새들 가운데 머릿속은 쿵쾅거리고, 향기와 악취의 구분은 모호해진다.

사원 바로 맞은편 건물의 이름은 '죽는 자의 집Home for the dying destitute'. 1952년 테레사 수녀가 세운 호스피스 시설인데, 거리에서 죽어가는 사람들을 데려와 간호하고 임종을 돕는다. 건물 안 넓은 홀, 수많은 사람들이 침대에 누워 있고 그 위로 가슴이 가라앉는 듯 적막한 공기가 흐른다. 그 속엔 환자들의 체취를 넘어 처음 느껴보는 복잡하고 묵직한 냄새가 있다. 죽음의 냄새가 있다면 이런 것일까?

세상은 냄새로 뒤덮여 있다. 모두들 좋아하는 냄새가 있는가 하면 어떤 냄새는 대부분이 질색하며 외면한다. 어둑해지는 어느 봄날, 온 산을 휘감은 아카시아 향을 싫어하는 사람들이 있을까? 아니면 무더운 여름, 부실하게 관리된 야외 화장실 냄새를 좋아하는 사람들이 있을까? 이러한 구분은 어떻게 결정되는 걸까? 베트남 쌀국수에 나오는 고수Cilantro처럼 사람에 따라 좋고 싫음이 엇갈리는 냄새도 있다.

우리는 태어나서 죽을 때까지 냄새를 맡고, 풍긴다. 냄새는 콧속 후각세포로부터 신경망을 통해 뇌에 전달되는데, 이 과정은 태아 때부터 시작된다. 자궁 속 태아는 15주가 지나면서 후각 기관이 형성되고 양수 속 여러 물질의 냄새를 맡는다. 이후 세상에 나온 아기는 엄마의 체취와 모유 냄새를 시작으로 각양각색의 냄새를 접하며 그 기억을 뇌에 저장한다. 뇌에 전해진 냄새 자극은 이곳에 축적된 다양한 기억과 연상에 의해 종합적으로 판단되는 것이다. 후각적 체험은 뇌 깊숙한 곳에 숨어 있다가 우연한 자극에 의해 추억, 감정, 욕망과 함께 되살아나기도 한다. 우리는 문득 스쳐 지나가는 이의 체취에서 잊힌 사랑을 떠올리거나 식당에서 흘러나오는 냄새 속에 오래전 여행을 추억하곤 한다.

고대 이집트와 페르시아, 인도의 신전에서 예배자들이 식물성 수지를 태우며 향과 향료의 긴 이야기는 시작됐다. 그리고 알렉산드리아와 로마를 거쳐 중세 아랍으로 이어졌다. 당시 아랍 세계에는 중국과 남아시아의 향신료들도 전해졌는데, 아랍인들은 발달된 증류 기술로 여러 식물과 향신료부터 향을 추출하고 농축했다. 유럽 사람들은 중세 십자군 전쟁 중 동양의 향 문화를 본격적으로 접했고 이후 이탈리아와 프랑스가 유럽의 향 문화를 선도했다.

칼리 사원 근처 소란스러운 시장 골목, 한 식당에 들어선다. 덥고 습한 기후 속 향신료 냄새는 더욱 진하게 다가오고, 처음 보는 음식에 나는 코를 들이댄다. 지역의 고유한 환경과 역사는 그곳 냄새에 고스란히 녹아 있다. 카이로의 오래된 향수 가게, 인도 갠지스강 하류 거대한 늪지대의 진흙 냄새, 모로코 가죽 작업장의 악취, 세비야 궁전의 오렌지 꽃 향기, 더블린 도서관의 양피지 냄새, 지중해 작은 어시장의 생선 비린내. 그리하여 냄새는 여행자의 호기심을 자극하고 여행의 즐거움을 완성한다.

세상의 냄새를 좇는 일은 그 자체로 하나의 새로운 여행이 될 것이다. 태곳적부터 아로새겨진 감각의 기억 속, 이따금 향기와 악취 사이에서 길을 잃기도 하면서.

차례

I

향의 기원

중동 & 북아프리카

II

향의 진화

유럽

Ⅲ

향과 나

아시아

I. 향의 기원

중동 & 북아프리카

페르시아 유적지 궁전 벽에는 다리우스 대왕에게 조공을 바치는 여러 나라 사신들의 모습이 새겨져 있다. 그중엔 향수병을 들고 있는 인도 사신의 모습도 보인다. 마케도니아의 알렉산더 대왕은 B.C. 4세기 동방 원정에서 전쟁 중에도 향 물품을 챙기는 페르시아 병사들을 보고 기록으로 남기기도 했다. 이집트인들은 태양신에게 제사를 지내며 자연에서 구한 여러 가지 향을 태웠고, 그 피어오르는 연기가 기도와 함께 신에게가 닿으리라 믿었다. 장중한 예식과 향기로운 연기가 신전의 기둥을 휘감았을 것이다.

인류의 향 문화는 이집트와 중동 지역에서 시작됐다. 고대 이집트인들은 사후 세계에 대한 믿음에 따라 죽은 자들을 미라로 만들고 귀중품들과 함께 묘에 안치했다. 시체를 방부 처리해 미라로 만드는 과정에는 다양한 향료가 사용됐다. 중동 및 남아시아에서 유향이나 몰약 등 귀한 향료들이 수입되었고 이를 위한 무역로가 번창했다. 이집트인들은 일상생활에서도 다양한 향수를 사용했다. 여러 가지 식물에서 향을 추출하여 향수와 향 연고(향고)를 만들었는데, 향을 고형 유지에 흡수시킨 향고를 피부에 바르면 체온에 서서히 녹으면서 오랫동안 향기를 발산시켰다. 당시 유명했던 향수 '키피Kyphi'는 몰약, 계피, 카다몸 등 16가지 향신료를 사용하여 1년에 걸쳐 만들어졌다. 고대 그리스 문헌에도 이 전설적 향수에 대한 기록이 있는데, 고가에 수입된 이 향수에 그리스와 로마의 귀족들은 매혹되었다고 한다. 이집트인들은 향수와 함께 사치스러운 목욕 문화도 발전시켰다. 이는 후일 프톨레마이오스 왕조를 거쳐 로마에까지 전해진다.

투탕카멘의 향수

대추야자 나무가 서 있는 거리, 건조한 대기 사이로 햇빛이 날카롭다. 사람들은 발목까지 내려오는 하얀 옷을 입는다. 이집트 수도 카이로의 남쪽 700km 룩소르Luxor 지역, 이곳은 고대 도시 테베Thebes가 있던 자리다. B.C. 1300년 전후, 테베는 인구 8만 명에 이르는 세계 최대 도시였다. 고대 이집트 신왕국New Kingdom, B.C. 1550~1077의 강력한 파라오들은 영토를 확장하고 풍족한 경제를 바탕으로 고대 이집트의 전성기를 이뤘다. 나일강 양쪽에 형성된 도시에는 카르나크 신전, 룩소르 신전, 하트셉수트 장제전 등 거대한 건물들이 올라섰다. 이들 중 발굴된 것은 극히 일부뿐이나 그 규모는 엄청나다.

거대한 돌기둥 숲에 압도된다. 카르나크 신전 대열주실, 높이 21m에 달하는 134개 기둥이 16줄로 배열되어 있다. 지금은 일부만 드문드문 있는 지붕에서 햇빛이 스며들어 기둥 사이로 깊은 음영을 남긴다. 시선은 기둥 위 석재 보로 옮겨 간다. 무게만 7t에 이르는, 이토록 무거운 돌들을 옛사람들은 어떻게 기둥 꼭대기까지 올렸을까? 풍화를 피할 수 있었던 보 하면에는 여전히 선명하게 채색된 문양들이 남아 있다. 신의 모습으로 등장한 파라오들은 이 거대하고 화려한 신전에서 각종 행사를 주관했을 것이다. 신전 밖 돌더미 위로 오벨리스크가 우뚝 서 있다. 단일 석재로 높이 30m에 이르는 사각 돌기둥에는 고대 전통 문양과 상형문자들이 새겨져 있다.

나일강이 훤히 내려다보이는 식당 발코니에 있다. 물길 위로 삼각 돛을 단 전통 목선들이 한가하게 떠다닌다. 강 너머 서쪽으론 웅장한 '왕가의 계곡'이 보인다. 신왕국 시대 파라오들은 이 계곡 지하 깊은 곳에 그들의 묘를 건설하고 도굴을 피하기 위해 묘 입구를 교묘하게 숨겼다. 지상에는 제사를 위한 장제전Mortuary Temple을 건설했다. 그러나 대부분의 묘는 도굴을 피하지 못했고, 거의 유일하게 온전한 형태로 발견된 묘가 그 유명한 파라오 투탕카멘Tutankhamun, ~B.C.1352의 것이다. 20세기 초 영국의 고고학자 하워드 카터가 발굴한 투탕카멘의 지하묘에서는 황금과 청금석으로 정교하게 장식된 마스크와 황금을 입힌 관, 그리고 온갖 진귀한 장식품들이 쏟아져 나왔다. 기초적인 분석과 분류 과정에만 10년 가까이 걸렸을 만큼 방대한 규모였고, 전 세계 사람들은 그 화려함에 열광했다.

투탕카멘의 유물 중엔 말라붙은 향수가 담긴 예쁜 항아리도 있었는데, 이 연고 형태의 향수는 3000년의 세월이 흐른 뒤에도 희미한 향기를 간직하고 있었다. 이를 분석한 결과 스피크나드Spikenard라는 식물에서 추출된 향을 동물성 유지 및 수지에 흡수시킨 향수로 밝혀졌다. 히말라야 고산지대에서 자라는 스피크나드는 중동의 무역로를 통해 지중해 동부와 이집트에 전해졌을 것이다. 이 식물의 뿌리에서 추출된 향은 매우 비싸고 귀하게 여겨졌으며 당시 이스라엘 신전에서 제사에 사용됐다는 기록이 있다. 성경에서 마리아가 예수의 발을 씻기기 위해 깨트린 옥합에는 스피크나드 향이 들어 있던 것으로 전해진다. 향수 제조업자들은 '투탕카멘의 향수'라는 이름으로 이 고대 향수를 재현해 눈길을 끌었다. 스피크나드와 유향, 그리고 코코넛 오일이 사용된 이 향수는 묵직하고 그윽한 나무 뿌리 향과 신선한 식물 향을 뿜어냈다.

카이로로 돌아와 칸 엘 칼릴리Khan el khalili로 향했다. 14세기 경부터 영업을 시작한 이 전통 시장으로 전 세계 모든 상인들이 몰려들었다. 행상의 숙소와 창고, 전통 공방, 상점이 죽 늘어선 비좁은 골목이 미로처럼 끝없이 뻗어나간다. 한낮의 뜨거운 태양이 기울고 선선해지는 저녁이 오면 골목은 어느새 인파로 가득 찬다. 곱게 낡은 대리석 문을 통과하자 전통 보석가게들이 이어진다. 터키석, 산호, 청금석, 오팔 등으로 만든 전통 공예품이 진열장에 가득하다. 상점에 들어서면 노련한 주인장이 맞이한다. 그는 귀금속의 문양을 전문적으로 설명하고, 간단한 수리까지 한자리에서 해낸다. 가격 흥정마저 능수능란한 그의 가게를 떠나 다시 골목 사이를 비집고 들어선다.

오래된 식당과 커피 집이 나란한 길을 걷다가 엘 피샤위El Fishawy로 발을 들인다. 나폴레옹이 이집트를 침공하던 18세기 말 세워진 이래 지금까지 성업 중인 카페다. 대리석 아치가 떠받치는 천장에는 화려한 샹들리에가 매달려 있고, 정교한 목제 장식이 있는 벽에 깊은 나무 향이 배어 있다. 아랍 세계에서 발원한 커피는 유럽보다 먼저 이집트에 전파되었다. 모스크에서

수도사들이 마시던 커피는 차차 대중화되었고 카이로의 거리마다 커피 하우스가 세워졌다. 이들은 커피의 맛과 향을 위해 사프란, 카르다몸, 정향 등의 향신료를 첨가하기도 했는데, 이곳의 진한 커피에서는 쌉쌀한 향이 난다. 꽉 찬 좌석 틈에 겨우 자리를 잡았다. 같이 주문한 차의 민트 향이 향긋하게 퍼진다. 건너편 테이블의 아랍인이 피우는 물담배 시샤Shisha에서 은은한 과일 향도 풍겨온다. 커피 향과 시샤 연기 속에서 동서양 상인들은 물건 값을 흥정하고, 작가와 예술가들은 영감을 나누었으리라. 이제는 어딜 둘러봐도 분주하게 카메라 셔터를 눌러대는 관광객뿐.

카이로 교외의 호텔에서 창문 너머로 피라미드를 본다. 거대하고 신비롭다. 5000년 전 고대 이집트인들은 2t이 넘는 돌 230만 개를 저렇게 완벽한 사각뿔의 모습으로 쌓아 올렸다. 사각형의 한 면 길이는 230m인데 네 면 길이의 오차는 4.4cm에 불과하다. 파라오의 묘를 위해 저 위대하고 완벽한 건축물을 설계한 사람은 대체 누구였을까? 그들이 생각한 사후 세계는 저토록 장대한 것이었을까? 그리고 이 건축을 위해 수십 년간 막대한 인력을 동원한 파라오의 권위란 어떤 것이었을까?

호텔 근처의 전통 향수가게를 찾았다. 몇 대째 가게를 잇고 있다는, 나이 지긋한 주인이 차를 가져오며 이야기를 꺼낸다. 어디서 어떻게 살아왔는가? 무슨 걱정이 있는가? 건강은 어떤지? 대화는 20~30분간 이어졌고, 주인은 자신이 지닌 향 원료로 우리에게 맞는 향 조합을 준비하겠다고 했다. 다른 한편에선 유리 장인이 향로를 만들며 그 위에 우리 이름을 새겨 넣는다. 벽 선반을 가득 채운 온갖 향료 병을 보며 이집트의 긴 역사를 생각한다. 고대 이집트 왕국 이후 페르시아의 지배와 알렉산더의 침략이 있었고, 로마 제국의 지배 이후 근대에 이르기까지 아랍 이슬람 왕조들이 이어졌다. 그 다양한 문화의 흔적이 저 향료들 속에도 남아 있을 것이다. 생전 처음 맡아보는 향의 잔치 속에서 주인과의 대화를 되새긴다. '어디서 어떻게 살아왔는가…….' 아득해질 때쯤 주인이 조합 향 다섯 개를 가져왔다. 그중 하나의 이름은 '사막의 오아시스'. 건조하고 향긋한 냄새다. '오아시스'와 또 다른 향 조합 하나를 골랐다. 이들 향 조합에 알코올 등 적절한 첨가제를 섞으면 나만을 위한 향수가 완성되는 것이다.

호텔로 돌아와 유리 향로에 향수를 넣고 촛불을 피우자 메마른 듯 그윽한 공기 속 풀 냄새와 소박한 꽃 향기가 퍼진다. 사막을 지나 오아시스의 야자나무 숲과 고대 신전의 폐허가 그려진다. 창 너머 멀리 야간 조명을 받은 피라미드는 더욱 신비하게 다가온다. 나는 피어오르는 향에 실려 멀리 사막으로 향한다.

알렉산드리아와 클레오파트라

카이로의 복잡한 도심을 벗어난 버스는 나일강을 따라 남쪽으로 향했다. 삼각주 지역에 이르자 강변에는 갈대 숲이 울창했다. 고대 이집트인은 이 갈대로 만든 파피루스에 그들의 이야기를 기록했을 것이다.

늦은 저녁이 되어서야 알렉산드리아Alexandria에 도착했다. 숙소 가는 길, 하얀 건물이 늘어선 해변의 도로를 지난다. 초록빛 발코니와 창문 덮개가 우아한 건물은 지중해 남부 항구의 부유하고 온화한 풍경을 떠올리게 한다.

B.C. 332년경 이집트를 정복한 알렉산더 대왕은 그리스 본토와 비옥한 나일강 유역을 연결하는 해변에 도시를 건설했고, 그 이름을 알렉산드리아라 지었다. 앞바다의 파로스섬Páros I.과 본토는 제방으로 이어졌고, 항구는 제방과 해안 사이에 걸쳐

건설됐다. 항구는 나일강과 운하로 연결되어 나일강 유역과 아프리카 내륙, 아시아에서 온 각종 물자들이 항구로 향했다. 알렉산드리아는 고대 시절 유럽, 아시아, 아프리카를 연결하는 지중해 최대 무역항으로 발전해 나갔다.

이튿날 아침, 커튼을 열어 밖을 보니 알렉산드리아 해변과 항구, 그리고 그 너머 파로스섬과 제방까지 한눈에 펼쳐진다. 반대쪽 도심 방향으로는 성당의 둥근 지붕과 모스크의 첨탑이 어른거린다. 별안간 문 두드리는 소리가 들려 시선을 거둔다. 아침 식사를 가져온 종업원이다. 건네받은 쟁반엔 빵과 잼, 달걀, 홍차가 놓여있다. 구수한 빵 냄새, 홍차의 진한 발효 향이 퍼진다.

바다와 마주한 노천 카페에는 시샤를 피우며 신문을 보는 노인들이 있다. 파로스섬으로 향하는 길이다. 알렉산드리아가 도시로서 자리를 잡아가던 B.C. 246년경, 파로스섬에는 130m 높이의 등대가 올라섰다. 이는 당대 사람들에게 경이의 대상이었다. 섬을 찾은 이들은 거대한 등대와 번창한 항구, 화려한 궁전에 대해 많은 기록을 남겼다. 그러나 오랜 기간 항구를 지켜온 등대는 중세 이후 거듭된 지진으로 무너졌고, 그 자리에는 등대 대신 항구를 굽어볼 요새가 올라섰다.

요새 앞 방파제에는 낚시꾼들이 한가하게 앉아 있다. 녹슨 대포들이 바다를 향해 놓여 있는 요새 마당을 지나 육중한 건물에 들어선다. 현관 홀 한편에 소박한 모스크가 있다. 모스크 천장 아래 작은 창으로 아침 햇살이 스며드는데, 숨소리마저 들릴 듯 고요하다. 투박한 벽 아래 대리석 바닥의 문양은 여전히 선명하다. 좁은 계단을 올라 꼭대기에 이르니 창 너머로 바닷바람이 몰아치고, 아득한 해안선과 도시 풍광이 한눈에 보인다. 어두운 복도를 걷는다. 여기저기 부서진 벽돌은 오래전 전투의 흔적일까? 낡은 기둥 아래 돌들이 쌓여 있어 다가가니 작은 안내판에는 '파로스 등대가 있던 자리로 추정된다'는 설명이 있다. 그러니까 2000여 년 전 전설이 지금 내 앞에 놓여 있는 것이다. 가슴이 벅차다. 벽에 기대서서 그 시절 번창했던 항구를 상상한다.

알렉산더는 인도 원정에서 돌아오던 길에 바빌론에서 사망했다. 도시의 완성을 보지 못한 채였다. 그 휘하의 장군이자 동료였던 프톨레마이오스는 치열한 후계자 경쟁 속에서 알렉산드리아를 수도로 새 왕조를 세웠다. 그리스 학문과 예술을 이집트 문화와 접목해 큰 발전을 이룩했던 프톨레마이오스 왕조Ptolemaeos Dynasty, B.C. 305~B.C. 30다. 융성한 항구 너머에는 화려한 궁전과 극장들이 있었다. 학술 기관 무세이온Mouseion에서는 저명한 그리스 학자들이 지구 둘레를 측정하고 인체를 연구했다. 약 70만 부의 파피루스 두루마기를 소장한 당시 세계 최대 규모의 도서관도 이곳에 있었다. 하지만 이 찬란한 문화를 일구었던 프톨레마이오스 왕조는 신흥 로마 제국의 군사력에 점차 압도되어 갔다.

B.C. 41년 여왕 클레오파트라는 로마의 실력자 안토니우스를 그녀의 유람선으로 초청해 화려한 연회를 열었다. 향기 나는 돛이 걸린 배에는 장미 꽃잎이 두껍게 깔려 있었고, 온갖 향신료로 조리된 요리와 술이 식탁에 올랐다. 클레오파트라는 식초가 담긴 황금잔에 그녀의 진주를 떨어뜨려 녹인 후 마시며 건배를 했다고 전해진다. 클레오파트라는 안토니우스의 후원을 얻으며 왕조의 안정을 이루는 듯했으나 계속되는 로마 제국의 세력 다툼을 이겨내진 못했다. 클레오파트라와 안토니우스의 연합군은 끝내 옥타비아누스에게 패했고, 클레오파트라

는 자결했다.

왕조의 막은 내렸지만 클레오파트라 시대의 화려한 문화와 그 이야기는 오늘날까지 깊은 영감을 주고 있다. 영화 〈클레오파트라〉(1963)에서는 당대 최고의 배우 엘리자베스 테일러가 금빛 찬란한 의상과 장신구를 걸치고 강력한 카리스마를 발산한다. 4시간이 넘는 이 영화의 화려하고 장엄한 장면들은 그 당시 왕조 문화를 짐작하게 한다. 한편 카이로 북쪽에서 고대 도시 유적을 발굴하던 미국의 한 고고학 연구팀은 최근 프톨레마이오스 왕조 시기에 존재했으리라 추정되는 향수 공장 터를 발견하기도 했다. 이곳에서 발견된 유리 단지들 안에는 오래된 향수 잔류물이 있었는데, 이를 분석해 클레오파트라 시대에 쓰였던 향수를 다시 만들어낼 수 있을는지 퍽 기대된다.

장미유, 사프란으로 목욕을 하고 제비꽃, 아몬드, 계피 등이 함유된 향고를 발랐다는 클레오파트라의 전설은 2000년이 지난 지금도 여전히 매혹적이다. 그의 이름을 딴 현대 향수들은 재스민을 비롯한 꽃들의 향과 과일 향, 사향으로 향의 조화를 이룬다. 그 향 속엔 언제나 클레오파트라와 함께 고대 알렉산드리아의 영광이 일렁인다.

니즈와의 골목, 유향 연기

진흙 건물이 이어지는 거리, 은세공 장인의 가게에선 유향Frankincense 연기가 흘러나온다. 낙엽 타는 듯 후추같이 알싸한 향이다. 이곳은 오만 내륙의 오아시스, 니즈와Nizwa의 구시가지다. 아라비아 반도 남쪽, 지금의 예멘과 오만 지역은 예부터 유럽 사람들이 동경하는 유향의 나라였다. 뜨거운 사막에서 자라는 유향 나무의 수액을 굳힌 유향은 고대 세계를 대표하는 향료로, 황금과 같은 가격으로 거래될 만큼 귀한 상품이었다. 로마인들은 신비한 유향 연기에 매혹됐고, 유향의 과도한 수입이 제국의 재정을 위협하기도 했다. 고대 시절 이집트 신전과 유대인의 장막처럼 신성한 곳에서 유향을 피웠고 이 전통은 지금도 가톨릭 교회와 정교회Orthodox Church에 이어지고 있다. 아기 예수를 경배한 동방 박사들이 가져온 예물에도 황금,

몰약Myrrh과 함께 유향이 있었다. 최고의 상품을 생산하는 아라비아 남부는 부유한 지역이었고, 유향이 아라비아 사막을 거쳐 로마에 운송되는 무역로를 따라 니즈와를 비롯한 오아시스 도시들이 번창했다.

오늘날 가게에서 쉽게 구할 수 있게 된 유향은 여전히 이곳 사람들에게는 생활필수품이다. 더운 날씨 속에서 살아가는 이들은 유향을 피워 실내 냄새나 벌레들을 쫓아내고, 모자나 옷에 유향 연기를 쐬어 땀 냄새를 없앤다. 그런가 하면 조향사들은 유향과 몰약에 샌들우드, 카르다몸 등을 조합해 이국적이고 신비한 동양의 모습을 간직한 오리엔탈 계열의 향수들을 창조해낸다. 이 오리엔탈 계열의 향수에서는 카레 냄새도 살짝 스며 나온다.

중세 초 오만의 수도였던 니즈와는 아라비아 해안과 내륙 사막지대를 연결하는 전략적 위치로 인해 종족 간 전쟁이 이어졌다. 구시가지 한가운데 니즈와 요새Nizwa Fort는 17세기 중반 건설된 이래 많은 침략을 물리치고 건재하는 오만의 국가적 상징이다. 육중한 정문을 지나자 마당에는 낡은 대포들이 놓여 있고,

원추형 돌탑 안에 들어서니 성 꼭대기에 이르는 가파른 계단이 이어진다. 좁은 문을 통과하는 계단 사이로 은밀한 창이 있는데, 이는 침입자를 감시하고 공격하는 곳이다. 이 좁고 어두운 공간에 칼과 방패 부딪치는 소리, 울부짖는 소리, 그리고 피 냄새가 진동했을 것이다. 점점 좁아지는 계단의 마지막 문을 열면 탁 트인 공간이 나온다. 도시 전역이 내려다보이는 망루다. 치열했던 전투의 현장에는 이제 야자나무와 꽃밭, 정자가 한가로이 자리 잡고 있다. 나른한 기분마저 느껴진다.

요새 근처 구시가지, 진흙과 풀을 섞어 지은 건물들 사이로 좁은 골목이 이어진다. 오후 태양의 그림자가 길게 늘어진 이곳을 검은 도포와 히잡 차림의 여인이 물 흐르듯 스쳐 지나간다. 어디선가 단검을 움켜쥔 암살자가 튀어나올 것 같다. 모두 엇비슷해 보이는 진흙 건물을 구분해주는 건 전통 양식의 목제 대문이다. 여러 가지 색깔로 칠해진 대문은 햇빛에 적당히 바래 있는데, 그 위로 제각기 다른 문양과 문자들이 새겨져 있다. 놋쇠 문고리와 열쇠 구멍의 만듦새도 각양각색인데, 남녀 방문객에 따라 두드리는 문고리가 다른 곳도 있다. 오만의 공공 장소에서는 여전히 남녀들이 따로 모인다. 흰옷 차림의 남자들과 검은 옷의 여자들 틈에 외국인들이 어중간하게 자리 잡는다.

골목 사이로 마른 풀과 동물 냄새가 퍼져 나오더니, 허물어져 가는 건물 사이 공터에 양과 염소들이 보인다. 길 건너 광장에서는 일주일에 한 번 가축 시장이 열리고 그 너머에 전통 수공업 가게들이 모여 있다. 이곳은 오래전부터 아라비아 반도의 은세공 중심지로 여겨졌다. 한가한 오후, 은세공 장인 할아버지들과 서툰 아랍어와 손짓을 섞어가며 이야기를 나누었다. 소박한 향로 숯불 위에서 유향이 피어오르고, 고요한 가운데

은 조각 두드리는 소리가 퍼진다. 그들은 오랜 세월 조그마한 손 망치 하나로 온갖 물건을 만들어낸 마술사다. 유향을 피우는 은제 향로가 주요 세공품인데 호리병 모양에서 정방형까지 다양한 모습에 정교한 문양이 새겨져 있다. 은세공품의 호가는 저울에 무게를 재고 이 무게에 단가를 곱해 정해진다. 이 가격에서 흥정이 시작되는데, 그 자체가 차를 마시며 한가하게 이어지는 대화다. 어디서 왔느냐, 한국은 어떤 곳인가로 시작되는 그들의 질문은 끝이 없다.

니즈와 대학 총장의 집무실에 들어서자 강한 커피 향이 다가온다. 총장을 예방하는 자리다. 아랍 지역의 환영 모임에는 항상 커피가 있다. 전통 아랍 복장의 시종이 자그마한 잔에 커피를 계속 따라주고, 달콤한 대추 야자를 권한다. 쌉쌀하고 진한 커피는 허브 냄새의 여운을 남긴다.

커피의 역사는 아랍에서 시작되었다. 에티오피아 고원 지대에서 발견된 커피는 예멘으로 전파되어 재배되었고, 중세 이후 예멘에서 요즘처럼 커피콩을 볶아 우려내는 방식이 발전되었다. 예멘의 항구 모카Mocha에서 커피를 실은 선박들이 페르시아, 터키, 아프리카 등지로 출발하면서 모카는 커피를 상징하는 단어가 되었다. 커피 종주국이었던 예멘은 오랜 정치적 불안정과 내전으로 커피 산업이 거의 황폐화되었는데, 최근 한 예멘계 미국인이 커피 전문점 블루보틀에 예멘산 커피를 소개하면서 최상의 평가를 받기도 했다.

유럽에서는 한때 커피를 두고 '이교도가 마시는 흉측한 검은 음료'라며 경원시하던 시절이 있었다. 그러나 17세기 베네치아에 처음으로 카페가 생겨나고, 오스만 제국의 빈 포위 공격 전후로 빈에 커피가 전파되면서 점차 전 세계인이 커피에 빠져들어갔다. 아라비카Arabica와 로부스타Robusta는 대표적인 커피 품종으로, 모두 아프리카 대륙을 원산지로 둔다. 아라비카가 로부스타에 비해 더 높게 평가되는 편이지만 두 품종 모두 재배 지역에 따라 독특한 맛과 향기를 지녔다.

갓 볶은 커피의 원두를 갈 때, 날카롭고 신선한 향이 공기중에 퍼지고 우리의 정신은 서서히 고양된다. 그리고 커피를 추출해 마시는 시간. 쌉쌀함 속에서 교차되는 견과류와 초콜릿의 향기, 그리고 산미의 조화에 사람들은 기꺼이 매혹되고 영감을 얻으며 즐거운 대화의 시간을 가진다.

고급스러운 전통 복식을 차려입고 정돈된 수염을 기른 총장과 커피를 마시며 아랍식 인사말을 주고받는다. 깊은 눈을 가진 그는 오만의 전통과 대학 발전에 대해 설명하며 자부심을 드러낸다. 대화를 마친 그가 건네준 선물 상자에는 굵은 유향 덩어리들이 가득했다. 옥돌같이 맑고 투명한 올리브 색조의 최상품 유향이었다.

니즈와에서 오만의 수도이자 항구 도시인 무스카트Muscat에 이르는 도로를 달린다. 그 옛날 아랍 상인들의 낙타 행렬이 이어지던 길이다. 황량한 사막엔 검은 잡석과 거친 모래가 펼쳐지고, 그 위로 관목들이 듬성듬성 자란다. 아무런 기준점이 없는 이 땅에서 대상들은 오직 밤하늘 별자리에 의지해 방향을 가늠했을 것이다. 사막과 해안 지대 가운데, 알 하자르Al Hajar 산맥이 보인다. 나무 한 그루 없이 검고 날카로운 바위산의 모습은 외계 행성을 연상시키는데, 스치듯 지나는 계곡엔 야자나무 숲이 울창하다.

아라비아 반도 남동쪽, 아라비아해와 페르시아만이 만나는 곳에 위치한 항구 도시 무스카트가 있다. 기원전부터 인도와 아랍의 상인들이 아프리카 동해안까지 진출한 해상 무역의 거점이었다. 그들은 전통 목선인 도우Dhow에 인도의 향신료, 페르시아만의 진주와 아프리카 상아 등을 싣고 무역풍에 의지해 아라비아의 바다를 누볐다. 유명한《천일야화》속 신드바드가 활동한 무대가 바로 이곳인데, 그 흥미로운 이야기를 접한 림스키 코르사코프는 관현악곡 〈셰에라자드Scheherazade〉를 작곡하기도 했다. 아랍인들은 사막에서처럼 별자리에 바탕한 항해술을 발전시켰고, 훗날 이곳에 진출한 유럽인들은 아랍 선원의 도움을 받아 물길을 헤쳐나갔다.

해안을 따라 흰색 건물들 사이 터키색 타일로 장식된 모스크의 첨탑이 보인다. 나지막한 건물의 격자형 창문과 베란다가 우아하다. 모스크 옆 전통 시장은 작은 규모지만, 가게마다 호박과 산호로 장식된 전통 장신구와 정교하게 조각된 반달형 단검들이 독특한 모양새로 진열돼 있다. 이곳 남자들은 지역마다 각기 다른 모양새의 터번을 두르고 허리에 단검을 찬다.

화려한 카펫 가게들을 지나가다 '페샤와르Peshawar 전통 식당'이라는 간판에 이끌려 들어간다. 페샤와르는 파키스탄 북부의 아프가니스탄 접경지에 자리한 도시로, 그 유구한 문화와 전통은 얘기만 전해 듣던 터였다. 유향 냄새가 은은한 식당 내부엔 낡았지만 고풍스러운 가구들이 놓여 있다. 양고기 카레를 주문했다. 매콤하다기보다 깊고 진한 향신료의 풍미 속에 페르시아의 영향이 느껴진다. 같이 나온 난에는 피스타치오가 박혀 있고, 샐러드의 양파 향이 강렬하다. 식사 후 마시는 차이Chai는 계피와 생강의 향이 진하다. 오랜 세월 인도와 아랍 그리고 아프리카의 상인들이 교차하던 항구의 자취가 이곳에 남아 있다.

귀국길, 방콕의 공항에서 다음 비행기를 기다리고 있다. 다양한 차림의 사람들, 상기된 얼굴, 지친 모습의 여행자들과 마주친다. 동남아 공항의 면세 구역에는 향수뿐 아니라 이 지역 향료 추출물과 오일을 파는 상점이 많다. 재스민과 샌들우드 오일을 몇 방울 떨어트리니 그윽한 꽃과 신선한 나무 향이 동남아시아의 깊은 숲을 이룬다. 라벤더 오일을 떨어트려 그 숲에 보라색 꽃을 더한다. 그 옆에는 유향 오일과 정향도 놓였다. 다시 퍼지는 유향의 향기 속, 나는 한 번 더 니즈와의 깊은 골목을 걷는다.

모로코의 가죽

기차는 카사블랑카Casablanca를 출발해 아틀라스 산맥이 있는 북동쪽으로 향한다. 맞은편에 앉은 베르베르인 아주머니가 친근하게 미소 짓는다. 그가 건넨 견과 한 줌을 까먹으며 이런저런 이야기를 나눈다. 아틀라스 산악 지역 원주민이었던 베르베르인은 8세기 북아프리카에 진출한 아랍인들로부터 종교와 문화를 받아들였다. 11세기 들어 주변 세력을 규합한 베르베르인들은 알모라비드 왕조Almoravid Dynasty, 1040~1147를 세웠다. 알모라비드 왕조는 스페인 반도에까지 진출해 가톨릭 세력과 격돌했고, 쇠퇴기에 접어든 스페인 남부의 우마이야 이슬람 왕조는 알모라비드 세력에 군사적으로 의지했다. 오늘날 모로코의 마라케시Marrakesh와 페즈Fez는 알모라비드 왕조와 이를 이은 이슬람 왕조들의 주요 거점 도시다. 베르베르인의 전통과 아랍 문화에 지중해의 풍광이 더해진 이곳에서 사람들은 진한 민트티를 마시고, 병이 나면 향신료 연고와 오일을 바른다.

차창 밖 구릉지대에는 올리브 나무와 광활한 오렌지 밭이 펼쳐진다. 멀리 언덕 위로 고대 로마시대 유적이 어른거릴 즈음 기차는 페즈에 도착한다. 8세기경 건설된 이 도시는 11세기 알모라비드 왕조를 거치며 크게 발전했고, 이 시기 수많은 이슬람 사원과 교육 기관, 상업 시설들이 지어졌다. 스페인 남부의 이슬람 왕조가 쇠퇴하고 1492년에 이르러 마지막 이슬람 왕국인 그라나다가 함락될 때까지 많은 이들이 해협을 건너 모로코 지역으로 이주해 왔는데, 그중에는 저명한 유대학자 마이모니데스Maimonides, 1135~1204도 있었다. 페즈로 이주해 활동한 그는 그리스 철학에 기반해 신앙과 이성의 일치를 추구했고 전 세계 유대인들은 그 사상에 크게 의지했다. 의학과 과학에도 능통했던 그는 말년에 카이로에서 왕실 주치의로 활동하기도 했다.

나귀가 지나가는 좁은 골목을 따라간다. 구시가지의 어느 허름한 건물 입구, 안내인이 이름 모를 풀 한 움큼을 건넨다.

그의 손짓에 따라 풀을 코에 갖다 대자 달콤하고 상쾌한 민트 향이 스며든다. 계단을 오르자 곧 깨닫는다. 이 향기로운 환대의 이유가 실은 어마어마한 악취 때문이라는 것을. 3층 발코니 아래를 내려다보니 거대한 벌집을 닮은 가죽 염색 작업장이 펼쳐진다. 가죽 더미가 담긴 웅덩이마다 각양각색의 염료를 풀어 놓았는데, 멀리서 보면 온갖 물감을 짜놓은 팔레트처럼 보인다. 중세 때부터 가죽 산업이 발달한 페즈에서 염색의 모든 과정은 여전히 전통적인 수작업 방식으로 이뤄진다. 가죽을 물들이는 데는 양귀비꽃, 헤나, 인디고 등의 천연 염료가 사용된다. 본격적인 염색 처리 전 가죽을 소의 오줌과 비둘기 똥이 들어간 용액에 이틀 정도 담가 두면 가죽이 부드러워지고 염료가 잘 스며드는 상태가 된다고 한다. 민트 송이를 파고드는 강렬한 냄새의 정체는 그야말로 맨살과 똥오줌이 섞인 생명체의 노골적 모습이다. 갓난아기 기저귀와 비교해도 톡 쏘는 냄새가 더 짙게 느껴질 정도다. 슬리퍼와 가방 등 다양한 가죽 공예품이 쌓인 아래층 가게에서도 냄새는 이어진다. 염색 작업장의 악취만큼은 아니지만 희미한 노린내 속 동물의 체취가 남아 있는 듯하다. 근대 유럽에서는 가죽의 이 야릇한 냄새가 최음

효과를 유발한다는 논란이 일기도 했다. 조향사들은 동물적 체취의 감각을 사향과 나무 향의 조합으로 재현하는데, 주로 '가죽 계열'로 분류되는 남성용 향수들이다.

메디나Medina라 불리는 구시가지에는 이슬람 사원과 학교, 찻집, 전통 시장과 가게들이 몰려 있다. 중세 이후 시간이 멈춘 듯 과거의 모습을 그대로 간직한다. 구시가지의 한 전통 가옥을 숙소로 잡았다. 골목 깊숙이 자리한, 그 속을 짐작할 수 없는 건물 앞에 섰다. 입구로 들어서자 타일로 장식된 정원과 분수가 아름답고 한가롭다. 이튿날엔 이 분수 옆 테이블에서 아침을 먹었다. 바게트와 홍차, 과일 잼이 놓인 청화 접시와 컵이 고아했다.

미로 같은 골목이 이어지는 이곳에서 지도만으로 목적지를 찾아가는 것은 불가능한 걸까? 여러 사람에게 길을 물어가며 부 이나니아 마드라사Bou Inania Madrasa에 도착했다. 마드라사는 이슬람 교리와 율법을 연구하는 교육 기관으로 학문을 중시하던 이슬람 전통에 따라 높은 권위를 유지했다. 사각형 구조로 이루어진 건물에 들어서자 조용한 연못이 자리한 평화로운 중정이 나타난다. 정교하게 조각된 나무 벽과 타일은 스페인 알

함브라 궁전을 연상케 하는데, 아름다움을 넘어 묵직한 학문의 전통이 느껴진다. 연못을 바라보며 중세 유럽의 침체기에 인류 문명의 맥을 이어간 그들을 생각한다. 그 시절 고대 그리스·로마와 페르시아의 학문이 계승, 발전됐고 인류 최초의 대학과 병원이 탄생했다.

점심 식사를 위해 근처 전통 식당을 찾았다. 아랍 양식으로 지어진 식당의 정원 한가운데에 장미 꽃잎을 띄운 분수대가 있다. 장미는 모두가 인정하는 꽃의 여왕이다. 그 매력적 향기는 모든 시대, 모든 곳에서 사랑받았다. 장미를 각별히 좋아했던 페르시아인들은 그 꽃잎에서 장미수와 오일을 추출하여 향수를 만들고 음식과 음료에 사용했으며, 귀한 손님에게 장미수를 뿌리며 환대했다. 고대 로마인 또한 장미를 광적으로 사랑했다. 귀족들의 잔치가 열린 정원에는 장미수가 흘러나오는 분수가 있었고 사람들은 장미 화관을 쓰고 장미수가 들어간 와인을 마셨다. 기독교에서 장미에 얽힌 향락은 경계되었지만 그 성스러운 모습은 숭배되었고, 기독교 초기의 묵주는 말린 장미로 만들어졌다. 이후 아랍 과학자들은 장미 증류 기술을 더욱

발전시켰고, 장미수와 오일은 중동 및 중앙아시아 지역에서 향수뿐 아니라 생활 전반에 걸쳐 다양하게 사용되었다. 이슬람 사원 건축에 사용된 회반죽에도 장미수를 섞었는데, 뜨거운 오후 달궈진 벽에서 장미향이 흘러나왔다고 한다. 아시아가 원산지인 장미는 전 세계에서 재배되어 왔고 최소 1만 가지 이상의 종류가 알려져 있다. 특히 '다마스크 장미Damask Rose'는 중세 십자군이 다마스쿠스로부터 서유럽에 들여와 그 이름이 생겼다. 사향같이 그윽하고 진한 향기가 특징이며, 지금도 향수에 들어가는 장미 오일은 대부분 다마스크 장미에서 추출된다. 불가리아와 터키가 최대 생산지다.

퍼지는 장미 향 속 가벼운 흥분을 느낀다. 활짝 핀 꽃은 식물들의 생식기관이다. 화려한 색깔과 향기로 벌과 나비를 유혹해 수정을 하고, 향기 속 일부 성분들은 해로운 곤충이나 미생물을 억제하기도 한다. 작가 다이앤 애커먼은 장미를 비롯한 꽃의 향기가 "나는 생식 능력이 있고, 준비되어 있고, 가져볼 만하고, 나의 생식기가 축축하게 젖어 있다는 선언"이라고 표현했다. 곤충을 향한 장미의 유혹은 인간에게도 통하는 걸까?

모로코 요리에는 아랍과 스페인 남부 그리고 지중해의 음식 문화가 섞여 있다. 테이블에는 이미 올리브 피클이 놓여 있다. 전통 요리 타진Tajine은 양고기를 다양한 향신료로 조리한 스튜다. 원뿔 모양의 뚜껑이 딸린 자기냄비에 담아 내는데, 그 식기 또한 타진이라 부른다. 정원에 퍼진 장미 향 가운데 타진의 맛은 더욱 풍부해진다. 듀럼밀Durum Wheat 반죽으로 만든 쿠스쿠스Couscous에서는 구수한 냄새가 피어오른다. 식사 후엔 블랙 티와 스피어민트가 듬뿍 든 은주전자가 나온다. 이것이 모로칸 민트 티다. 발효된 찻잎과 민트 향 가운데 오후가 충만해진다.

다시 카사블랑카로 돌아왔다. '하얀 집'이라는 뜻을 가진 이 항구 도시는 20세기 초 프랑스의 지배를 받았는데, 당시 이곳 풍광에 매혹된 유럽인들이 대거 이주해왔다. 제2차 세계대전 초기 프랑스가 독일에 정복되자 카사블랑카는 독일 나치 지배하에 들어가고, 이 도시 유럽인들은 저항했다. 그 갈등 속 엇갈린 남녀의 사랑을 그린 1942년 영화 〈카사블랑카〉는 영원한 고전이다. 영화 속 '릭스 카페 아메리카Rick's Café Americain'에 망명자, 스파이, 범죄자, 독일군 장교 등이 모여들고, 피아노 연주자가 〈시간은 지나가고 As time goes by〉를 부를 때, 이 우아한 카페는 작은 카사블랑카가 된다. 마지막 장면은 안개 자욱한 밤 남녀 주인공이 안타깝게 이별하는 카사블랑카 공항에서다. 제2차 세계대전 중 미군이 건설한 활주로는 이제 북아프리카 지역의 허브 공항으로 발전했다. 비행기 기다리는 터미널에서 영화 속 장면들을 더듬는다. 비가 그치더니 창 너머 멀리 무지개가 걸려 있다.

고등어 샌드위치

언덕 아래로 보스포루스 해협이 보인다. 유럽과 아시아 대륙을 가르고 흑해와 지중해를 잇는 바다, 동서양 문명이 교차하며 인류의 역사가 굽이쳐온 물길이다. 330년 로마 제국 콘스탄티누스 황제는 이곳에 그의 이름을 딴 도시 콘스탄티노플을 세우고 비잔틴 제국의 수도로 삼았다. 콘스탄티노플은 유럽이 침체되었던 중세 시절 그리스 로마 문화를 계승하고 동양과 교류하며 세계 최고 도시로 발전해 나간다. 팽창하는 아랍 이슬람 세력으로부터 유럽 기독교 문명을 방어하였으나 중세 이후 긴 쇠퇴의 길을 걷는다. 결국 1453년 오스만 제국에 정복당한 뒤 도시의 이름은 '이스탄불'로 바뀐다.

보스포루스 해협과 금각만Golden Horn을 내려다보는 구시가지 언덕에는 거대하고 아름다운 건축물이 있다. 이 도시의 오

랜 역사를 1500년 넘게 지켜온 아야 소피아Aya Sofya다. 건물의 상징과도 같은 돔은 육중한 하부 구조 위에 안정감 있게 자리 잡고 있다. 당당한 외양만큼 내부도 화려하다. 돔 아래 작은 창문으로 스며드는 빛은 어둡고 거대한 실내 공간에 신비로움을 더한다. 벽면의 성상을 묘사한 금빛 모자이크도 부유하는 햇살에 닿아 찬란하게 빛난다. 537년 그리스 정교회 성당으로 건설된 아야 소피아(성 소피아 대성당)는 도시가 오스만 제국에 복속된 후 이슬람 모스크(성 소피아 대사원)로 개조됐고, 제1차 세계대전 이후 터키공화국이 수립되며 박물관(아야 소피아 박물관)으로 바뀌었다. 그러다가 최근 보수 이슬람 정권에 의해 다시 모스크로 용도를 변경했다고 하니, 앞으로도 이 도시의 파란만장한 역사와 함께할 운명인가 보다.

아야 소피아 맞은편엔 그와 비슷한 모습의 술탄 아흐메드 모스크가 자리한다. 오스만 제국의 황제가 아야 소피아에 경쟁하듯 세워 올렸는데, 모스크 내부를 화려한 푸른색 타일로 장식해 '블루 모스크'라는 별칭이 생겼다. 모스크 근처에는 로마 시대 전차경기장 유적이 남아 있다. 로마인들은 이 도시 지하에 거대한 저수 시설도 건설했다.

구시가지에서 금각만 쪽으로 내려오면 멀리 갈라타Galata의 언덕과 성곽이 보인다. 갈라타 지역은 비잔틴 제국 시절 이곳에 진출한 유럽인들의 본거지였으며 지금도 중세 유럽의 풍광이 남아 있다. 1453년, 메흐메트 2세가 이끄는 오스만 군대가 콘스탄티노플을 포위 공격한다. 비잔틴 수비군은 금각만 입구에 쇠사슬로 방호시설을 설치해 오스만 해군의 진입을 봉쇄했지만 메흐메트는 그의 선박들을 갈라타 언덕 너머로 운반해 우회하는 전략을 선택했다. 집념 어린 총공세에 수비군은 영웅적으로 맞섰으나 황제는 장렬히 전사했고 도시는 함락됐다. 1000년을 이어온 기독교 제국이 이교도들에게 함락되는 순간이었다. 이에 서유럽 국가들은 경악했고, 이후 유럽에 진출하려는 오스만 제국 앞에서 전전긍긍했다.

금각만을 가로질러 갈라타에 이르는 다리 근처에는 치열했던 역사를 뒤로한 채 보스포루스 해협을 향하는 유람선들과 한가로운 낚시꾼들로 붐빈다. 축축한 대기 속에서 유람선의 연기가 흩어지고 물새들이 몰려 다닌다. 유럽풍 거리 위로 어른거리는 모스크의 둥근 지붕과 첨탑들은 이 도시 고유의 실루엣을 완성한다. 해변 카페 위로 연기가 피어올라 다가가니 이곳 거리 음식인 고등어 샌드위치를 파는 행상이다. 고등어를 손질해 숯불 위 그릴에 굽는데, 익숙한 냄새다. 보스포루스 해변의 고등어 굽는 냄새를 맡으며 나는 오래전 고향 생각을 한다. 어두워지는 저녁 집으로 돌아가는 길, 골목 사이로 생선 굽는 냄새가 흘러나올 때면 걸음은 점점 빨라졌다. 저녁상엔 언제나 구운 생선을 나누는 가족들이 있었다. 서울 구도심 생선구이 골목에는 지금도 그 그리운 냄새와 정경이 일부 남아 있다. 불을 발견한 이래 우리 선조들은 사냥한 고기와 생선을 불에 구워 먹었다. 스며든 연기의 향, 그리고 단백질을 가열하면서 형성된 아미노산이 선사하는 풍부한 맛과 향은 어떤 음식으로도 대체하기 힘들다. 우리 뇌 속 오랜 세월 각인된 구운 고기의 냄새와 맛은 어느 시대, 어느 요리 건 그 중심에 있다.

끝없이 이어지는 골목으로 상점들이 줄을 잇는다. 온갖 색깔의 향신료들이 모여 있는 가게에서는 이 세상 모든 냄새들이 풍겨 나오는 듯하다. 건너편에는 고풍스러운 그리스 정교의 성상화Icon와 제례 용품을 취급하는 골동품 가게들이 있다. 골목을 가득 메운 인파를 헤치고 홍차를 배달하는 상인이 바쁘게 움직인다. 이곳은 세계 최대의 전통 시장, 그랜드 바자Grand

Bazaar다. 고대 이래 유럽은 후추를 비롯한 향신료와 도자기, 비단 등을 동양에서 수입해 왔다. 중세 시대 아랍 상인들은 인도 및 동남아에서 지중해 동해안에 이르는 향신료 교역을 독점했는데, 이때 콘스탄티노플은 중요한 무역 거점이었다. 그랜드 바자는 이런 지정학적 상황 속에서 탄생한 상업 공간이다.

1204년, 4차 십자군은 원래의 목표에서 벗어나 콘스탄티노플을 점령하고 라틴 제국을 건설한다. 십자군을 지원했던 베네치아는 이를 계기로 콘스탄티노플에서의 입지를 강화하고 동서를 연결하는 향신료 무역으로 막대한 부를 얻게 된다. 제노바를 비롯한 다른 유럽 도시들도 콘스탄티노플에 하나둘 진출하기 시작했고, 이로써 향수와 더불어 동양의 문화가 유럽 사회에 널리 전파됐다. 이후 오스만 제국 점령 하의 이스탄불에서도 베네치아는 이 무역 거점을 잃지 않으려고 제노바 등 다른 도시와 치열하게 경쟁했으나, 포르투갈을 시작으로 유럽 국가들이 대서양을 통한 장거리 해상 무역로를 개척하면서 이스탄불의 동서 무역 주도권은 점차 쇠퇴하기 시작한다. 이러한 당대의 모습과 풍속은 문학이나 예술 작품에도 남아 있다. 셰익스피어의 희곡《멕베스》에서 맥베스 부인은 남편을 부추겨

왕을 살해한 후 정신착란에 빠져들며 중얼거린다.

"아직도 피비린내가 난다. 아라비아의 모든 향료를 갖다 뿌려도 이 작은 손의 냄새는 지워지지 않는군. 아아!"

카펫을 널어 놓은 가게들이 나타난다. 페르시아와 터키 카펫의 정교한 문양이 모여 현란한 풍경을 이룬다. 우상 숭배를 철저히 금한 정통 이슬람에 비해 페르시아에서는 조로아스터교와 시아파 이슬람 전통 아래 좀 더 자유로운 형태의 문양을 탄생시켰다. 이러한 페르시아 카펫의 전통은 오스만 제국 시대 터키로 건너간다. 근대 들어 오스만 제국의 쇠퇴는 계속되었지만 이곳은 여전히 서유럽과 러시아 제국 가운데 위치한 가장 중요한 완충 지대였다. 오스만 궁정의 관료들과 유럽 외교관 그리고 동서양의 첩자들은 이 거대한 시장 골목을 헤치며 긴밀한 활동을 이어갔다. 20세기 들어 이스탄불은 독일 나치 정부와 유럽 외교관, 나치의 박해를 피해 이스탄불로 이주한 유럽의 전문가 그룹이 혼재하는 곳이었다. 특히 유대인을 포함한 유럽 인문학자들은 이곳에서 터키 정부의 유럽화 정책에 협조

하면서 학문의 맥을 이어갔다. 자신들의 정체성을 유지하며 유럽을 지향하는 터키의 모습이 이 도시 곳곳에 남아 있다.

저녁에 금각만 다리 근처 한 전통 음식점을 찾았다. 오스만 양식의 실내에는 고기 굽는 냄새와 함께 알싸한 향신료 냄새가 퍼진다. 매부리코에 콧수염을 기른 나이 지긋한 웨이터가 두툼한 메뉴판을 건네준다. 터키 음식은 이스탄불을 중심으로 한 오스만 제국의 팽창으로 동서양 재료와 향신료, 페르시아와 아랍의 조리법, 그리고 일부 유럽 요리까지 흡수하면서 다양해졌다. 당시 유럽은 오스만의 요리뿐 아니라 동서양을 아우르는 제국의 화려하고 이국적인 문화에 매료되었고, 낭만파 화가들은 오스만 궁정의 하렘과 이스탄불 풍광을 즐겨 그렸다.

터키의 독특한 지형과 바다에서 유래한 식재료는 풍부한 맛과 향을 만들어낸다. 케밥Kebab은 그중 가장 널리 알려진 고기 요리다. 온갖 향신료를 뿌려 구워 내는 케밥의 종류는 지역에 따라 천차만별로, 유럽에서는 자이로Gyro, 중앙아시아에서는 샤실리크Shashlik라고도 불린다. 가지 케밥을 주문했는데, 가지 속에 고기를 채워 구워 냈다. 바삭바삭해진 가지 껍질을 벗겨내고 입에 넣으니 구운 가지의 속살과 고기의 향, 향신료의 조화가 일품이다. 이어지는 음식도 훌륭했고, 전통 디저트와 터키 커피로 마무리하는 것도 즐거웠다. 깊고 진한 향이 오랜 여운을 남긴다. 식당을 나서자 멀리 금각만 너머 갈라타 타워의 불빛이 어른거린다.

II. 향의 진화

유럽

중세 유럽 사람들은 태어날 때부터 다양한 냄새에 노출되어 살았다. 일상적 악취에도 관용적이었던 것으로 보인다. 이들은 십자군 전쟁이 일어나고 원정에 참여하면서 본격적으로 동양의 다양한 향료와 목욕 문화를 접하게 되었다. '사자 왕'으로 알려진 영국의 리처드 1세는 1189년 3차 십자군 원정 당시 전략적 요충지였던 사이프러스섬Cyprus I.을 정복했는데, 이곳에서 동양적 향수 문화를 경험한 십자군은 지역 고유의 향수와 그 제조법을 유럽으로 가져갔다. 동양에 대한 전설과 함께 처음 느껴보는 이국적 향기에 유럽인들은 매혹되었다. 하지만 가톨릭이 지배하던 유럽 사회에서 동양의 향 문화는 일부 귀족층에서만 영위될 수 있었다.

중세 말기에 이르자 유럽 대도시의 인구는 급증하기 시작한다. 공공 위생이나 하수 시설이 변변치 않았던 탓에 파리를 비롯한 대도시들은 악취로 휩싸여 갔다. 이때까지도 개인의 청결이나 목욕을 동양의 이단적이고 퇴폐적인 문화로 여겼던 유럽에서는 청결하지 않은 몸의 강한 체취도 자연스러운 것으로 여겼다. 당시 귀족들은 이미 다양한 향수들을 사용했지만 개인의 체취를 가린다기보다 오히려 강조하는 목적으로 쓰였다. 이를테면 사향같이 냄새가 강한 동물성 향으로 유혹적 분위기를 연출하는 식이었다.

나폴레옹의 황후였던 조세핀은 사향이나 사향고양이향, 용연향을 즐겨 사용한 것으로 알려져 있다. 그녀의 체취를 사랑한 나폴레옹은 전쟁터에서 쓴 편지에서 "곧 만날 때까지 2주일간 목욕을 하지 말라"고 요청하기도 했다. 18세기 유럽 전역을 여행하며 다양한 삶을 살았던 카사노바는 그의 회고록에서 여러 음식의 냄새와 여성의 체취에 대해 말한다.

> "나는 솜씨 좋은 나폴리 출신 요리사가 만든 마카로니라든가 에스파냐 사람들이 즐겨 먹는 잡탕찜, 뉴펀들랜드에서 잡아온 대구 자반, 양념을 듬뿍 친 날짐승 고기, 썩어서 냄새가 나기 시작한 치즈처럼 향이 강하고 맛이 진한 음식을 좋아했다. 특히 치즈의 참맛은 그 속에서 미생물이 활동하는 게 눈에 보이기 시작할 무렵에야 비로서 느낄 수 있다. 여성에 관해서 말하자면, 나는 언제나 냄새

풍기는 여자를 사랑했고 여자가 땀을 많이 흘릴수록 냄새가 좋았다".

-자코모 카사노바, 《카사노바 나의 편력》

이러한 상황은 근대에 접어들며 달라지기 시작했다. 유럽의 밀집된 도시에서 각종 전염병이 만연했고, 많은 이들이 목숨을 잃었다. 세균학과 보건 위생의 중요성이 비로소 대두됐는데, 이 시기부터 냄새에 대한 태도 또한 변화하기 시작했다. 육체의 청결함이 점차 강조되면서 지나친 체취는 점차 무례한 것으로 여겨졌고, 향수에서 사향 등 강한 동물성 향료의 사용이 억제됐다. 상대를 유혹하는 데 쓰였던 향수의 도발적인 역할 또한 은밀한 암시로 변해갔다.

헝가리 워터

빈을 출발한 기차는 어느새 헝가리 북쪽 평야 지대를 달리고 있다. 2000년대 초까지만 해도 국경에서 거쳐야 했던 출입국 검사는 이제 없어졌다. 수많은 민족들이 오랜 세월 부대끼며 살아온 이곳에서 '하나의 유럽'은 어떤 모습이 되어갈까?

19세기 말, 거대한 오스트리아 제국 안에서 민족주의 물결이 거세지자 황제는 헝가리의 자치를 일부 허용하고 제국의 이름을 오스트리아-헝가리 제국Empire of Austria-Hungary, 1867~1918으로 바꿨다. 부다페스트는 빈과 함께 수도가 됐고, 유럽 대도시들과 어깨를 나란히 하며 세기말 모더니즘의 영화와 갈등을 공유했다. 이러한 도시의 인상은 부다페스트 켈레티Keleti역에 도착하며 시작되는데 바로크 스타일과 근대 유리 철골 구조가 절충된 역 건물은 독특한 세기말 분위기를 전한다.

서구적인 거리와 사람들 모습에서도 왠지 느껴지는 동양적 정서는 헝가리 민족의 유래와 역사 속 동쪽으로부터 이어진 침략의 역사 때문인지도 모른다. '마자르족Mazyar'이라고 불리는 헝가리인들은 원래 우랄산맥 지역 유목민이었는데 9세기경 흑해 북부를 거쳐 유럽에 진출했다. 현 지역에 정착한 이후 13세기 몽골족의 침입을 받아 도시가 크게 파괴됐다가 재건되었고 다시 150년간 오스만 제국의 지배를 받았다. 모스크와 마드라사 등 이슬람 건물들이 세워졌고 목욕 문화를 즐기던 오스만 사람들은 온천이 풍부한 부다페스트 지역에 많은 목욕탕을 건설했다. 그들과 함께 동방의 향 문화도 같이 전해졌다.

14세기 헝가리 지역에선 향수와 관련해 중요한 발전을 이룬다. 이미 십자군 원정을 통해 동양의 향수 문화를 접한 유럽의 조향사들은 점차 은은한 꽃이나 식물 향을 사용하게 되었으나 이 식물성 향은 오래 지속되지를 못했다. 그러던 중 포도주 증류과정에서 얻은 알코올이 각종 향료의 물질을 잘 보존하고, 향을 오랫동안 유지시킨다는 사실이 발견된다. 이로써 알코올을 기반한 유럽 최초의 향수가 탄생했다. 허브 로즈메리Rosemary와 타임Thyme에 브랜디를 섞은 이 향수는 당시 헝가리의 엘리자베스 여왕에게 헌정됐고, '헝가리 워터Hungary Water'라는 이름으로 선풍적 인기를 구가했다. 이후 헝가리 워터는 프랑스 왕실에 전해져 다양한 형태로 발전했고 1709년 최초의 '오드 콜롱Eau de Cologne'이 출시되었다.

다뉴브강은 도시를 부다와 페스트 지역으로 나누며 흐른다. 강 서쪽 언덕 위로 유서 깊은 부다의 성곽과 궁전들이 보이고, 동쪽 강변으로는 국회의사당과 그 첨탑이 화려하다. 중세부터 바로크, 신고전주의를 거쳐 근대 양식의 건축물들이 조화를 이룬 이 도시의 건축 전통은 위대하다. 이 장엄하고 화려한 시가지 사이를 다뉴브강이 흘러가며 유럽에서도 손꼽히는 풍광을 만들어 내고 '동쪽의 파리'라는 별명이 생겼다. 강을 가로지르는 다리 중 '자유의 다리Liberty Bridge'는 19세기 말 세계 박람회를 준비하며 건설됐고 유려한 철제 구조가 돋보인다. 다리 남쪽 광장에는 아름다운 타일 지붕의 석조 건물이 있는데 19세기 말 문을 연 중앙시장Central Market Hall이다. 복층 구조의 널찍한 홀에는 육류, 채소부터 향신료, 와인, 각종 공예품을 파는 가게와 식당들이 늘어선다. 국토의 대부분이 평야나 낮은 구릉

POMELO
680

지대인 헝가리는 농축산물이 풍부하게 생산된다. 싱싱한 채소 사이 빨간 고추가 널려 있고, 가게 전면에도 말린 고추들이 매달려 있다. 그 사이 매콤한 향이 흘러나온다. '헝가리 파프리카 Hungarian Paprika'로 불리는 이 고추는 중세 시대 오스만 제국으로부터 전파되어 오늘날 이 고장의 맛을 특징짓는 식재료가 됐다. 고기와 각종 채소에 파프리카를 넣어 뭉근하게 끓여낸 굴라시Goulash는 얼큰한 육개장 냄새를 풍긴다. 이 외에도 파프리카와 고추가 들어간 생선 수프 등 매콤하고 얼큰한 요리들이 많다.

부다페스트 응용미술박물관의 녹색 기와 지붕 위로 황금색 장식물이 빛난다. 마치 동방의 화려한 궁전이 연상되는 이 건물은 이 도시의 수많은 아르누보Art Nouveau 건축물을 대표한다. 아르누보는 19세기 말~20세기 초에 걸쳐 유럽의 여러 도시에서 유행한 예술 사조다. 자연에서 따온 유려한 곡선의 장식성이 특징이며 응용미술과 건축에 많은 영향을 미쳤다. 당시 오스트리아-헝가리 제국 하에서 부다페스트의 아르누보 예술가들은 빈과 많은 부분을 공유하면서도 그들만의 개성을 추구했고, 일부 건축가들은 터키와 인도 건축의 전통을 적극 수용하기도 했다. 화려한 자기 타일과 기와로 장식된 응용미술박물관이나 부다 성의 마티아스 교회Matthias Church는 이 도시에 독특한 동방적 색채를 입힌다. 응용미술박물관 내부는 이슬람 및 힌두 양식으로 장식되어 있고 전 세계의 가구, 텍스타일, 금속 및 유리 공예품들이 전시되어 있다. 마침 오스만 터키 카펫의 기획 전시가 열리고 있었다.

부다페스트에는 이 도시의 문화 전통을 말해주듯 박물관과 갤러리가 넘쳐난다. 특히 응용미술박물관에서 국회의사당을 향하는 도로변에는 근대 디자인의 가구와 공예품을 취급하는 골동품 가게들이 몰려 있다. 독특한 의자들이 전시된 가게에 들어갔더니 이곳에서 대를 이어 아르데코Art Deco 가구를 취급한다는 주인은 관심을 보이는 방문객에게 커피를 권한다. 부다페스트의 예술 전통과 함께 상세한 설명을 이어가는 그에게서 깊은 자부심이 느껴진다. 전시된 가구들 대부분은 거의 미술관 수준인데 서유럽에 비해 훨씬 좋은 가격이라 예정에 없던 구입을 고민해야 했다. 결국 다시 한번 방문할 것을 약속하며 연락처를 교환했고, 다음 방문길에 몇 점을 구입하게 됐다.

신성 로마제국과 오스트리아 제국을 주도한 합스부르크 왕

조House of Habsburg는 예로부터 예술을 장려하고 후원하는 전통을 이어왔다. 부다페스트는 빈과 함께 근대 음악의 구심점으로 부상했다. 19세기 빈에서는 브람스와 말러가 활동했고, 부다페스트에서는 리스트가 관중을 열광시켰다. 그 시기 설립된 헝가리 국립 오페라 하우스는 이 도시의 오랜 음악 전통을 상징한다. 화려한 대리석 계단과 기둥이 도열한 로비를 지나 홀에 들어서면 프레스코화가 그려진 천장에 장엄한 샹들리에가 매달려 있다. 방문기간 중 오페라 〈피델리오Fidelio〉가 공연되고 있었다.

부다페스트에서의 마지막 오후를 도심 공원의 세체니 온천Szechenyi Spa에서 보낸다. 로마인들은 온천이 풍부한 부다페스트 지역에 도시와 함께 공중 목욕 시설을 건설했다. 오스만 제국 시절 만들어진 터키식 목욕탕은 오늘날까지도 시민들이 즐겨 사용하고 있다. 바로크풍 궁전을 연상시키는 건물 내부에는 대리석 기둥과 타일로 장식된 탕이 여럿 있다. 기둥 사이 증기가 피어 오르고 희미한 유황 냄새가 풍겨 온다.

탕에 몸을 담근 채 눈을 감는다. 도시의 기억들- 부다의 성벽, 동방의 미감이 물씬한 타일 지붕들, 그리고 매콤한 파프리카 향 -이 아른거린다.

세비야 오렌지 꽃

고딕 양식의 첨탑이 하늘을 찌를 듯하다. 16세기, 세비야 대성당은 완공 당시 세계 최대 규모를 자랑한 종교 건축물이었다. 700년 넘게 스페인 반도를 지배하던 아랍 세력으로부터 도시를 재정복한 가톨릭 왕조는 모스크가 있던 자리에 보란듯이 성당을 지어올렸다. 건물 입구로 들어서자 벽 높은 곳의 스테인드글라스에서 현란한 빛이 흘러든다. 화려한 대리석 기둥 사이로 성화가 걸려 있고, 그 복도를 지나 중앙의 제단으로 가까이 다가가 본다. 거대한 제단의 전면에는 성경 속 장면을 정교하게 묘사한 황금 부조가 새겨졌다. 이곳에는 총 44개의 부조가 있는데, 이를 제작하는 데 금 1.5t이 사용됐다고 한다.

아랍인들이 스페인을 지배하던 때 세비야는 코르도바와 더불어 왕조의 수도였다. 인구 면에서 소수였던 아랍 지배 계급

은 이곳에서 종교와 인종 간 공존을 도모하며 이슬람의 황금시대를 열어갔다. 경제가 번성하고 유대인과 아랍인 학자들이 고대 그리스와 동양의 학문을 계승 발전시켰다. 세비야는 가톨릭의 재정복 이후로도 발전을 이어갔다. 콜럼버스를 비롯한 대양 탐험가들이 도시를 가로지르는 과달키비르강 항구에서 항해를 시작했고 신대륙의 부를 싣고 이 도시로 돌아왔다. 세비야가 제국의 경제 중심지가 되면서 스페인 문학과 예술의 황금기가 펼쳐졌다.

성당 건물 옆으로 아랍인들이 건설했던 100m 높이의 히랄다La Giralda가 보인다. 모스크의 첨탑이었던 히랄다에는 르네상스 양식의 종루가 추가되었고, 세비야 성당과 나란히 도시의 상징이 되었다. 스페인의 국민 시인 로르카Federico Garcia Lorca는 그의 시에서 세비야를 이렇게 표현했다. "세비야는 사랑의 화살을 쏘는 멋진 궁수들로 가득한 탑……. 세비야는 상처를 주는 곳." 로르카가 말한 탑이란 아마도 히랄다일 테다. 성당과 히랄다 사이의 호젓한 정원에는 오렌지 나무가 무성하게 자라났다. 오렌지 역시 이 도시에 남아 있는 아랍인들의 흔적이다.

나무 사이로 퍼지는 향기에 오페라 합창곡 〈오렌지 꽃 향기는 바람에 날리고〉를 떠올린다. 번성한 도시였던 세비야는 예술가들의 사랑을 받았고, 많은 오페라의 무대가 되기도 했다. 로시니의 〈세비야의 이발사〉와 비제의 〈카르멘〉이 대표적이다.

대성당을 마주한 광장 카페에서 와인 잔을 든 사람들이 유쾌하게 이야기를 나눈다. 리오하Rioja 와인 고유의 온화한 풍미가 공기 중에 흩어지는 듯하다. 나는 커피와 함께 오렌지 커스터드 케이크를 맛보며 입안 가득 상큼한 향을 음미했다. 오렌지를 비롯한 감귤류는 본래 중국이 원산지인데, 10세기경 아랍 상인들이 지중해 지방에 전파한 후로 남부 유럽에서 널리 재배되어 왔다. 스페인 남부를 여행하다 보면 거리에도 오렌지 나무들이 많이 심어져 향기를 풍긴다.

오렌지, 레몬, 라임, 자몽 등 감귤류 나무의 꽃과 열매에서는 다양한 에센셜 오일이 추출된다. 이들은 여러 향수에서 상쾌한 초기 향(톱 노트)을 형성하는 주재료의 역할을 한다. 감귤류 오일은 이따금 음료에도 사용되는데, 얼그레이 티에는 오렌지와 라임 중간쯤 되는 베르가모트Bergamot의 오일이 첨가된다. 세비야 오렌지는 향기에 비해 맛은 시고 씁쓸해서 직접 먹기보다는 껍질째 썰어 설탕에 절인 마멀레이드Marmalade에 주로 쓰인다. 아침 식탁에서 구운 빵에 마멀레이드를 발라 먹다 보면 이곳의 향기로운 오렌지 정원이 떠오르곤 한다.

광장 맞은편으로 알카사르Alcazar의 육중한 성벽이 보인다. 가톨릭 왕조 시절 아랍 궁전이 있던 자리에 이슬람과 유럽 양식의 절충인 무데하르Mudejar 양식으로 건설된 궁전과 정원이다. 무려 500년에 걸쳐 건설되는 동안 많은 건축 양식이 더해졌는데 궁전과 정원 곳곳은 화려한 아랍식 타일로 장식되어 있다. 야자나무 아래 오렌지 나무와 꽃향기가 흐드러지고, 아름다운 정자가 놓여 있는 정원의 모습은 그저 평화롭다. 사막이 고향인 아랍인들은 물이 흐르고 나무와 꽃이 자라는 정원을 낙원의 모습으로 여겼는데, 여기가 바로 그 낙원이다. 타일로 장식된 벤치에 앉아 있는 동안 어디서 날아왔는지 모를 공작새 한 마리가 정원 사이를 우아하게 걷는다.

아침 기차를 타고 그라나다에 도착했다. 기차역 광장에서 도심을 향하는 도로는 제법 한적하다. 그 길에 서면 풍성한 오렌지 가로수와 멀리 시에라 네바다 산맥의 봉우리들까지 한눈에 볼 수 있다. 성당 옆 골목으로 이어지는 가게에는 다양한 차와 말린 과일들이 놓여 있다. 녹차 잎과 장미 꽃잎, 말린 사과와 석류 등을 섞은 '그라나다 티'의 달콤한 향은 알카사르의 정원을 연상시킨다. 시장에선 차가운 가스파초Gazpacho를 먹었다. 잘게 간 토마토와 양파, 마늘이 들어간 이 냉수프는 이곳의 더위를 잠시나마 잊게 한다.

식료품 상점 좌판에는 올리브들이 풍성하게 쌓여 있다. 단순한 올리브 절임부터 치즈나 연어, 얇게 썬 햄을 끼워 넣은 것까지 여러 종류다. 올리브 하나를 입에 넣어 깨문다. 고소한 가운데 짭짤한 맛이 번져 나온다. 올리브 오일에서는 과일 향, 고소한 너트 향 사이로 풋풋한 풀 냄새가 난다. 올리브와 올리브 오일은 지중해 음식의 핵심이다. 열매는 수확 시기에 따라 연한 녹색부터 자주색까지 짙어지는데, 먹기 위해선 발효와 숙성의 과정을 거쳐야 한다. 오늘날 스페인이 세계 최대 생산국인 올리브 나무는 본래 지중해 연안에서 7000년 전부터 재배됐다고 알려져 있다. 최근 조사에 의하면 아테네 지역 플라톤 학당이 있던 자리의 올리브 나무는 수령이 2400년인 것으로 밝혀졌으니, 고대 그리스의 플라톤과 그 제자들이 이 올리브 나무

Gordal
Sabor Anchoa
a 2'50 € 1/4
Alcaparron
2'50 € 1/4
Kimbo
Grande
2'50 € 1/4

주변을 산책했을지도 모를 일이다. 올리브는 승리의 상징이기도 했다. 당시 올림픽 경기에서는 우승한 선수의 머리에 올리브 나뭇잎으로 엮은 관을 씌웠다.

산 중턱을 향하는 길, 멀리 보이는 알함브라Alhambra는 아랍어로 '붉은 곳'을 뜻한다. 그라나다는 스페인 반도 마지막 이슬람 왕국인 나스르 왕조Nasrid Kingdom of Granada, 1230~1492의 수도였다. 약진하던 가톨릭 세력이 이슬람 왕조의 수도 코르도바와 세비야를 연달아 정복하던 시절, 나스르 왕국은 가톨릭 카스티야 연합왕국Crown of Castile, 1230~1715의 속국으로서 200년 넘게 스페인 남부의 영토를 유지하였다. 왕국의 후반기 긴 쇠퇴 속에서도 이슬람 문화와 예술은 마지막 전성기를 이루는데 알함브라 궁전이 그 현장이다.

입구의 정원을 지나 나스르 왕들이 살았던 궁전에 들어선다. 정교한 아라베스크 문양이 새겨진 나무 벽과 화려한 아랍 타일로 장식된 방들이 이어진다. 몇 년 전 보았던 모로코의 궁전들과 세부 양식이 매우 흡사한데, 이는 나스르 왕조가 북아프리카에서 진출한 내력을 담고 있다. 궁전 안쪽으로는 사자의 정원Court of the Lions이 보인다. 사자 모양 분수가 자리한 정원에

잔잔한 물소리가 퍼진다. 테라스에는 124개의 대리석 열주가 늘어섰는데, 이 기둥들을 연결하는 아치도 역시 아라베스크 문양이 올올하다. 아랍인들은 건물 벽과 천장에 회반죽을 바르고 그 위에 정교한 아라베스크 문양을 새겨놓곤 했다. 이곳 아라베스크는 이슬람 예술 최고의 걸작으로 여겨진다. 정원 옆 아벤세라헤 홀Hall of the Abencerrajes 천장 돔에 조각된 벌집 문양도 감탄을 자아낸다. 그 작은 벌집 조각의 숫자가 5000여 개에 이른다고 하니, 우리는 지금 인간이 이룰 수 있는 정교함의 극치를 보고 있는 것이다. 여기에 돔 아래 작은 창으로 흘러드는 빛이 신비함을 더한다.

궁전을 나와 헤네랄리페Generalife 궁에 들어선다. 물소리와 새소리가 영롱한 정원이 펼쳐지고, 오렌지 나무 그늘 아래 장미와 머틀Myrtle꽃의 향기가 화사하게 퍼진다. 아랍인들은 궁전 전역의 정원과 분수를 흐르는 수로망을 설계하기 위해 시에라 네바다 계곡의 물을 끌어왔다. 그러나 1492년, 나스르 왕조는 이토록 아름다운 궁전을 건설해놓고는 가톨릭 연합군에 최종 항복하며 북아프리카로 돌아가게 된다. 마지막 왕 보압딜Boabdil은 "영토를 빼앗기는 것보다 이 궁전을 떠나는 게 더 슬

프다"며 눈물을 흘렸다고 한다. 훗날 이곳을 방문했던 19세기 기타 연주자 타레가Francisco Tarrega는 황폐해가는 궁전의 그 처연한 아름다움에 감동했고, 그 유명한 〈알함브라 궁전의 추억〉을 남겼다. 이 기타 곡의 섬세한 트레몰로 선율에는 애절한 아름다움과 함께 나스르 왕의 회한이 배어 있다.

밤늦게 세비야로 돌아왔다. 숙소로 돌아가는 길, 강변에 조명을 받아 빛나는 황금의 탑Torre del Oro이 보인다. 아랍 왕조 때 군사용 망루로 건설된 이 탑은 이후 스페인 제국 시절 번성하던 항구의 상징이었다. 스페인의 가톨릭 연합군이 알함브라를 정복한 1492년, 콜럼버스의 범선 세 척이 이곳에서 신대륙을 향해 첫 항해를 떠났다. 스페인 제국의 영광이 시작되고 있었다.

더블린의 도서관

런던 성 판크라스 역St Pancras International의 당당한 고딕 건물 위로 화려한 시계탑이 보인다. 이곳에서 파리나 브뤼셀로 향하는 유로스타와 영국 국내선 기차들이 출발한다. 더블린행 기차표는 아일랜드해를 건너는 페리 티켓과 함께 발급된다. 기차가 출발하고, 차창 밖 런던 시내의 부산한 모습은 어느새 웨일스의 시골 풍광으로 바뀌어 간다. 초여름의 풍성한 벌판에서 양들이 한가하게 풀을 뜯는다. 작은 개울 너머로는 농가의 모습이 보인다. 봄꽃은 사라졌지만 곳곳 충만한 계절의 기운을 보며 에밀리 디킨슨의 시구절을 떠올린다.

"결국 여름이 될 것이다…… 창백한 풍경을 물들일 것이다……"

종착역인 웨일스 홀리헤드Holyhead에서 세관을 통과하면 바로 페리가 기다리고 있는 항구다. 짙은 바다 안개 속에서 파도가 출렁이지만 거대한 아일랜드 페리의 선실에서는 거의 느껴지지 않는다. 2시간여의 항해, 멀리 더블린 항의 부두가 보인다.

더블린 트리니티 칼리지Trinity College Dublin는 1592년 영국 엘리자베스 여왕이 설립한 유서 깊은 대학이다. 옥스퍼드 대학, 케임브리지 대학과 함께 영국-아일랜드권을 대표한다. 도시 중심부에 위치한 캠퍼스는 울창한 숲속 고풍스러운 건물과 동상들이 늘어서 있어 중세 시대를 연상시킨다. 대학 설립 초기에 지어진 도서관은 유수의 고서를 포함해 약 700만 권의 장서를 보유한다. 이곳에서 제일 유명한 열람실은 길이가 65m에 이르는 롱룸Long Room이다. 장중한 목제 기둥으로 장식된 중앙 복도 양쪽으로 2층 넘는 높이의 서재가 이어지는데, 이곳에 도서관의 고서 희귀본 약 20만 권이 보관되어 있다. 낡은 책 사이로 종이와 먼지 냄새가 스며 나온다. 목재의 향 속에서 잉크 냄새도 살짝 느껴진다. 오랜 시간과 생각들이 쌓여 있는 이 나지막하고 그윽한 향. 얼마나 많은 이들이 이 향으로 위로와 영감을 받았던가?

책 냄새. 헌책방들이 모여 있는 골목, 오래된 박물관이 연상되는 이 냄새의 정체는 무엇일까? 사람들은 이 특유의 냄새를 '우디Woody 향', '흙 냄새' 등으로 표현한다. 비 내리는 숲속 나무 향에 비하면 좀 더 묵직한 느낌이다. 전문가들은 좀 더 세분화해 나무 향, 바닐라 향, 아몬드 향을 섞은 듯한 냄새라고 설명하는데, 종이가 나무에서 유래된 점을 생각하면 이해가 된다. 책 종이는 나무 펄프의 가공물이며 이 펄프는 나무 세포의

셀룰로스와 리그닌이 주성분이다. 오랜 시간에 걸쳐 리그닌이 다당류인 셀룰로스를 비롯한 종이 성분을 산화시키고 분해하면 이 과정에서 종이는 누렇게 변색되고 휘발성 유기화합물이 발생된다. 벤즈알데히드를 비롯한 이 휘발성 물질들이 아몬드 향, 바닐라 향, 빵 냄새 등을 풍긴다. 여기에 잉크 냄새, 제본 때 사용된 접착제 냄새까지 더해지면서 책의 복합적 향내가 완성된다.

트리니티 칼리지 도서관의 고서를 대표하는 것은《켈스의 책Book of Kells》이다. 800년 경에 쓰여진 이 기독교 복음서는 서체와 문양, 삽화는 물론이고 그 역사적 의미에 있어 이 지역 최고의 저서로 평가 받는다. 책은 총 4권으로 이뤄져 있는데, 2권 단위로 순환 전시하며 텍스트와 삽화를 함께 보여준다. 어둡고 조용한 방에 들어서면 희미한 조명 아래 2권의 책이 놓여 있다. 1000년이 지나도 이렇게나 선명하고 아름답다. 신앙적 열정, 인간 정신의 위대함 그 자체다. 여기저기 누렇게 바랜 양피지 위에 공들여 써내려간 글씨와 정교한 문양이 펼쳐진다. 촛불 아래 긴 밤을 보냈을 필경사와 장인들의 숨결도 느껴지는 듯하다. 고대 이집트와 그리스의 저작, 초대 기독교의 복음서 등 인류의 오랜 생각과 전통은 이렇듯 파피루스 또는 양피지 위에 기록되어 지금까지도 선명하게 전해진다. 오래된 종이책에 비하면 양피지 문서에선 동물성 냄새가 풍기는 듯하다. 동물 가죽을 얇게 펴 말린 양피지는 파피루스와 함께 고대부터 사용되어 왔으나 공급이 제한적이었고 가격 또한 비쌌다. 때문에 양피지에 필경사가 손으로 직접 쓴 책은 귀하게 여겨졌으며 허락된 사람만이 접할 수 있었다.

종이는 2세기경 중국에서 발명된 후 이슬람에 전파되어 중앙아시아 사마르칸트에서 본격적인 발전을 이뤘다. 9세기 바그다드의 거리에는 종이 공장과 가게들이 성업했고, 왕실 도서관은 수백만 권의 종이책을 소장했다. 13세기 무렵이 되어서야 유럽에 전파된 종이는 파손에 취약하고 불에 타기 쉬운 까닭에 한동안 환영 받지 못했으나, 개량을 거듭하며 양피지를 대체하기에 이른다. 구텐베르크가 활자를 이용한 인쇄술을 획기적으로 발전시킨 것은 15세기의 일이다. 유럽의 각 도시마다 인쇄소가 세워졌고, 인쇄업자들은 라틴어가 아닌 자국어로 쓰여진 책들을 값싸게 공급했다. 때마침 안경도 보급되어 저마다 책을 읽기 시작했다. 마르틴 루터가 촉발한 종교개혁은 각종 인쇄물과 독역된 성경을 독일 대중들이 읽기 시작하며 급속도로 확산됐다. 일부 전문가의 구술에 의존하던 정보들은 책에 기록되고 다수에게 전파되면서 정보혁명이 시작됐다. 근대의 문은 그렇게 열려갔다.

21세기 들어 새로운 정보혁명의 물결이 거세지고 있다. 사람들은 책 대신 인터넷을 통해 수많은 정보를 쉽게 얻고 전자책을 읽는다. 종이책의 위상은 점점 축소되는 것처럼 보인다. 하지만 누런 종이 위에 펼쳐지는 활자들, 그 편안한 냄새, 책장 넘기는 소리, 때로는 작게 메모를 적으며 읽어가는 충만한 시간을 그 무엇이 대신할 수 있을까? 종이책은 여전히 읽는 자의 마음 깊숙한 곳에 각인돼 있다.

더블린에는 이름난 도서관이 하나 더 있다. 체스터 비티 도서관The Chester Beatty Library이다. 1875년 미국에서 태어난 비티는 광산업으로 30대에 이미 거부가 된 이래 동서양의 미술품과 귀중한 고서들을 열정적으로 수집했다. 영국에서 활동하다 말년에 더블린에 정착한 그의 컬렉션 중에는 초기 성경이 기록된 파피루스, 초기 코란, 중세 필사본, 인도와 티베트의 고서, 페르시아 세밀화 등이 포함된다. 이 밖에도 고대 마니교의 경전 등 값을 따질 수 없는 희귀본들이 수두룩하다. 장서는 '신성한 전통', '책의 예술'이라 명명된 두 전시실에 나뉘어 보관된다. 책의 예술에는 그 이름에 걸맞은 화려한 도서들이 모여 있다. 정교하게 제본, 장정된 이슬람권의 고서들은 인간과 신성의 묘사를 금기로 삼았던 교리로부터 꽃피운 서체와 문양의 다채로움을 한껏 뽐낸다. 또 다른 전시실인 신성한 전통으로 들어서면 낡은 파피루스들이 먼저 눈에 든다. B.C. 1160년에 쓰인 파피루스 앞에서 문득 마음이 겸허해진다. 파피루스에는 남녀 간 사랑과 그 육체적 즐거움에 대한 시와 노래가 쓰여 있는데, 구약성경에 나오는 솔로몬의 노래와 비슷한 형식이라고 한다. 3000년 전에도 다르지 않았던 그 남녀 간 열정을 접하며 솔로몬의 말이 떠오른다.

"하늘 아래 새로운 것은 없다."

도서관을 나오자 덥린 정원Dubh Linn Garden의 넓은 원형 잔디가 펼쳐진다. 그곳에 사람들이 한가롭게 모여 있다. 과거 이곳에는 강으로 이어지는 연못이 있었는데, 9세기경 바이킹이 보트를 이 연못에 정박한 뒤에 뭍으로 들이닥쳤다 한다. '검은 연못'이라는 뜻의 켈트어 '덥린Dubh Linn'은 이후 이 도시의 이름이 되었다. 잔디 너머 육중한 더블린 성이 보인다.

아일랜드의 문학 전통은 유구하다. 예이츠W. B. Yeats와 버나드 쇼Bernard Shaw를 비롯해 많은 아일랜드 작가들이 세계 문학사를 빛냈고, 20세기에는 4명의 노벨 문학상 수상자를 배출했다. 특히 1922년 발표된 제임스 조이스의 소설《율리시즈Ulysses》는 현대 영문학 최고의 작품으로 꼽힌다. '율리시즈'라는 제목은 그리스 신화의 오디세우스를 라틴어로 표기한 것이다. 소설은 1904년 6월 16일 하루 동안 주인공 레오폴드 블룸이 겪게 되는 모험을 의식의 흐름으로 좇아 묘사하는데, 그 무대가 바로 더블린이다. 도시에서의 평범한 하루는 오디세우스가 고향에 돌아가고자 분투하는 10년의 세월과 대비되어 표현된다. 더블린 시내 곳곳에는 소설 속 인물들의 행적을 표시하는 안내문이 걸려 있고, 소설의 배경이 된 6월 16일은 주인공의 이름을 딴 '블룸스데이Bloomsday'로 명명되어 매년 문학 축제

가 열린다. 축제 날 참가자들은 주인공 블룸이 즐겼던 음식 그대로 '오줌 냄새 남아 있는Faintly Scented Urine 구운 양의 콩팥'을 아침으로 먹으며 하루 일정을 시작한다고 한다. 평범한 사내가 소설 속 표현대로 '야수Beasts의 내장'을 먹는 것은 신화 속 오디세우스의 흔적이었을까?

더블린만 북쪽 해안에는 호스Howth라고 불리는 작은 반도가 있다. 더블린 시내에서 전철을 타면 40여 분 만에 이 반도의 초입에 자리한 작은 어촌에 도착한다. 기차역을 빠져나오면 작은 항구를 마주치는데, 하얀 돛을 올리고 항해를 준비하는 요트가 떠 있다. 해산물 식당이 늘어선 거리를 지나면 정원마다 꽃이 핀 아담한 마을에 닿는다. 꽃향기 은은하게 흘러나오는 골목 중간쯤 시인 예이츠가 한때 살았다는 집이 있다. 하얀 벽에 시인을 설명하는 동그란 현판이 걸려 있고, 함께 쓰여 있는 시구절에 마음 설렌다.

"나는 내 꿈을 당신 발 밑에 펼쳤습니다.
사뿐히 밟으세요, 당신 밟는 것 내 꿈이니."

예이츠는 이곳에서 10대 후반의 짧은 시절을 보냈다. 그가 작품을 처음 출간하며 더블린 문학계의 주목을 받기 시작한 시절이었다. 예이츠의 작품 속에는 이 작은 마을과 바닷가 풍광이 묘사되곤 했다.

마을을 지나 반도 쪽으로 향하자 바다가 내려다보이는 절벽 위로 초원과 오솔길이 이어진다. 관목이 늘어선 아래로 자그마한 노란 꽃이 흐드러지게 피었다. 멀리 반도 끝에는 작은 등대가 보이고, 그 너머로 안개 속 바다가 희미하다. 실려 오는 바람에 축축한 소금 냄새가 배어 있다.

옥스퍼드 펍

맥주잔 든 사람들이 유쾌하게 이야기를 나눈다. 구석에 설치된 무대에선 수염 기른 가수가 통기타를 치며 노래하고, 테이블 사이로 사람들이 흥겹게 몸을 흔들며 지나간다. 여기는 영국 옥스퍼드의 한 오래된 펍이다. 그림이 걸려 있는 목제 벽에는 낙서들이 새겨져 있고 나무 냄새와 함께 맥주 효모 냄새가 구수하다. 피시 앤 칩스를 먹는 사람도 보인다.

옥스퍼드는 오랜 양조의 전통을 가지고 있다. 16세기부터 시작된 맥주 생산은 이 도시의 주요 산업이었고 19세기 중반 옥스퍼드와 주요 대도시를 연결하는 철도가 개통되면서 더욱 발전했다. 바텐더에게 에일 추천을 부탁하자 다섯 종류가 같이 나오는 샘플러를 가져온다. 하나하나가 고유한 색깔과 향을 보이는데, 복숭아 향이 나는 페일 에일Pale Ale과 곡식 냄새가 진한

스타우트Stout 두 가지를 골라 더 주문했다.

맥주는 인류의 가장 오래된 음료다. 메소포타미아 지방에서 농경 문화가 시작되면서 저장된 곡식이 비에 젖어 발효된 것이 맥주의 시작으로 여겨진다. 이곳에서 발견된 B.C. 4000년경 그림에는 맥주 항아리에 대롱을 꽂아 맥주를 같이 즐기는 사람들이 묘사되어 있다. 비슷한 시기 농경 문화가 발달한 이집트에서도 빵과 맥주가 만들어지고 피라미드 건설 노동자들은 임금을 맥주로 받았다고 한다(다행히 피라미드는 똑바로 세워졌다!). 맥주는 발아된 보리 즉 맥아가 효모에 의해 발효된 알코올과 물이 주성분이다. 또 다른 성분인 홉Hop은 맥주에 다양한 향을 추가하고 보존성을 높여 '맥주의 향신료'라 불린다. 영국의 전통적 맥주는 표면에 떠 상온에서 활동하는 효모를 사용하며, 에일이라 불린다. 상온에서 발효되어 휘발성 물질이 풍부하게 생성되는 에일은 종류에 따라 복잡하고 다양한 향이 난다. 여기에 비해 독일 지역이나 우리나라에 많은 라거 맥주는 저온에서 활동하는 효모를 사용해 상쾌한 맛이 특징이다. 요즘 크래프트 맥주 회사들은 다양한 효모와 홉을 사용하여 새로운 맛과 향의 맥주를 선보이고 있다.

옥스퍼드는 대학과 같이 성장한 도시다. 이곳에서 11세기 말 이미 교육과 연구가 시작되었다는 기록이 있는데, 옥스퍼드 대학교University of Oxford는 영어권에서 가장 오래된 대학이며 유럽 학문의 역사를 대표한다. 13세기 가톨릭의 지배가 여전히 완고하던 시기에 로저 베이컨Roger Bacon은 이곳에서 관찰과 실험에 바탕한 귀납적 연구의 방법론을 확립하며 근대를 향한 문을 열었다. 그는 당시 로마 교황의 은밀한 요청을 받고 중세 학문의 각 분야를 총망라한《대서Opus majus》를 저술하기도 했다. 베이컨의 선구자적 업적은 17세기 중반 옥스퍼드 의과학의 폭발적인 발전으로 이어졌다. 이 시기 로버트 훅Robert Hooke이 현미경과 세포를 발견했고, 윌리엄 하비William Harvey가 심장 박동과 혈액 순환의 기전을 규명했으며, 토머스 윌리스Thomas Willis가 뇌에 대한 연구를 바탕으로 신경학의 토대를 닦았다.

그들이 활동했던 캠퍼스에 서 있다. 고풍스러운 건물과 첨탑들 사이 조용한 코트에 있노라면 시간을 거슬러 중세 수도원에 와 있는 듯한 느낌마저 든다. 유명한 과학사박물관 건물 외벽에는 아리스토텔레스를 비롯해 인류사에 빛나는 과학자와 철학자들의 동상이 거리를 내려다보고 있다. 옥스퍼드의

39개 칼리지는 각각 독자적으로 세워진 대학이었고, 훗날 유니버시티로 통합되었다. 지금도 학부 교육은 칼리지에서 교수와 학생 간 개인적으로 진행되는 튜토리얼Tutorial이 중심이고 학과의 강의나 세미나는 부수적이다. 각자 독특한 전통을 가진 칼리지의 오랜 건물에는 소속 학생들의 기숙사, 식당, 생활 및 문화 공간, 채플 등이 있고 독자적인 양조장을 가진 칼리지도 있었다고 한다. 하버드대, 케임브리지대와 세계 정상을 겨루는 이 대학교에서 72명의 노벨상 수상자와 28명의 영국 수상이 배출됐다.

펍을 나와 운하를 따라 걷는다. 옥스퍼드 운하는 18세기 말 잉글랜드 중부 도시들 간에 석탄 운송을 위해 건설됐다. 산업혁명 시절 템스강을 통해 런던으로 연결된 이 운하를 따라 주요 화물을 실은 운반선들이 오고 갔다. 이제 그 풍경은 사라졌지만 옥스퍼드에 이르는 운하의 남쪽 구간은 18세기 옛 모습을 간직한 채 평화로운 시골 마을과 전원 사이를 흘러간다. 운하변에는 관광이나 주거용으로 개조된 운반선들이 조용히 정박해 있다. 운하를 따라 심어 놓은 나무들은 이제 숲을 이룬다. 그 사이 오솔길이 보인다. 세상이 멈춘 듯 고요한 밤. 그저 풀벌레 소리만 울리는 가운데, 나는 물 냄새 좇아 발길을 옮긴다. 어둠과 적막 속에서 감각은 더 예민해지는 것일까? 운하 한쪽 수초 숲에서는 흙냄새 섞인 물 비린내가 번져 나오고, 어디선가 물새 첨벙거리는 소리가 들린다.

만년설 향에 실리다

콧속으로 흘러드는 차갑고 투명한 공기가 그 자체로 향기롭다. 오스트리아 잘츠부르크주 최고봉 키츠슈타인호른Kitzsteinhorn에 섰다. 높은 고도에서의 강한 햇빛이 동공을 좁히고, 하늘은 더 검푸르게 다가온다. 멀리 검은 암벽 사이로 빙하가 펼쳐진다. 그 너머로 알프스의 날카로운 봉우리들과 구름이 한데 얽혀 있다. 비탈길 바위틈 사이 작은 꽃들이 사랑스럽다.

독일 남동부 뮌헨에서 오스트리아 잘츠부르크에 이르는 이 산악지방은 중세 이래 '바바리아Bavaria'라고 불렸는데, 알프스 북부 빙하로 형성된 계곡과 호수가 그림처럼 펼쳐지는 곳이다. 예부터 유럽의 남북부를 연결하는 교역으로 번성했다. 신성 로마 제국 이래 독립된 왕국을 유지하다가 독일과 오스트리아로 분할 병합됐지만 여전히 고유한 문화와 지역 방언을 유지하고 있다. 뮌헨의 바바리아인들은 가죽 반바지Lederhosen를 입고, 맥주와 훈제 돼지족발Schweinshaxen을 즐긴다.

산 아래 숲길로 접어들자 나무 향이 짙어진다. 바닥에 깔린 낙엽과 이끼를 밟는 걸음마다 발이 푹푹 꺼진다. 넝쿨이 엉긴 나무 틈새로 햇빛이 갈라지고, 이름 모를 새소리가 맑게 퍼진다. 숲 내음이 선사하는 안정감은 우디 계열 향수의 전형적인 특징이다. 런던이나 더블린의 도서관에서 맡았던 우디 향이 오래된 나무 냄새라면, 이곳의 우디 향은 숲 본연의 농밀한 냄새로 이뤄져 있다. 샌들우드의 그윽한 향과 날카로운 삼나무의 향이 조화로운 우디 계열 향수들은 시트러스나 카르다몸 등의 초기 향을 더해 편안하면서도 신비로운 숲의 향을 자아낸다. 나무는 독특한 향과 함께 휘발성 유기물질인 피톤치드를 발산시킨다. 현재까지 5000여 종이 발견된 피톤치드는 세균과 해충으로부터 나무를 보호하고, 우리를 스트레스로부터 자유롭게 한다. 오랜 세월 인간은 숲속을 거닐며 마음을 가라앉히고 치유 받으며 한편으로 영감을 얻었다. 숲을 나서자 펼쳐지는 초원에는 흰 야생화들이 화사하다.

잘츠부르크Salzburg, 독일어로 '소금 성곽'이다. 이름이 말해주

듯 인근 풍부한 암염 생산을 바탕으로 번영했다. 14세기 이후 잘츠부르크 대주교가 독립적으로 통치했던 도시는 종교개혁에 대항하는 가톨릭의 중심지였고, 많은 수도원과 바로크 양식의 성당이 건설됐다. 이러한 분위기 속에서 개신교도들은 인근 프러시아로 이주하기도 했다. 오랜 학문과 예술의 전통이 있는 이 도시에서 1756년 모차르트가 태어났고, 그는 이곳 대주교의 궁중 음악가로 활동했다. 모차르트의 생가를 비롯하여 그의 이름을 딴 상징물들이 도시 곳곳에 남아 있다. 또한 20세기 저명 지휘자 카라얀이 이곳에서 출생하여 음악학교 '모차르테움 Mozarteum'에서 공부했다.

도시를 가로지르는 잘자흐강Salzach에는 여러 다리들이 있는데, 유명한 '사랑의 자물쇠 다리' 난간에는 다양한 색상의 수많은 자물쇠가 걸려 있다. 이곳을 방문한 연인들은 그들의 이름이 새겨진 자물쇠를 다리 난간에 걸어 잠그고 그 열쇠를 강에 던지며 사랑의 맹세를 한다. 남녀 간 사랑에서 그 '속박과 자유로움' 사이에 무슨 답이 있을까?

다리에서 보이는 구시가지 언덕 위로 호엔잘츠부르크Hohensalzburg의 육중한 성곽이 보인다. 도시 방어를 위해 11세기에 건축된 성곽으로 오랜 세월 동안 잦은 개·보수와 증축을 이어왔는데, 최근에는 지하에서 또 다른 중세 시대 건축물이 발견되기도 했다. 성곽 내부는 방어 시설, 생활 공간, 채플 등이 좁은 복도를 따라 얽혀 있다. 이를 안내하는 황동색 표지판은 투박한 돌벽과 세련된 조화를 이룬다. 좁고 어두운 돌계단을 지나 성 꼭대기에 이르면 넓은 망루가 펼쳐진다. 녹슨 대포들이 놓여 있는 이곳에서 도시 전체가 내려다보인다. 강변을 따라 늘어선 검은색 기와지붕이 단정하고도 평화로운 모습을 이룬다. 성 아래로 이어진 좁은 돌길을 따라 구시가지로 내려오면 바로크풍 건물 사이로 오래된 상점들이 펼쳐진다.

골목을 지나 탁 트인 광장으로 나가자 한편에 잘츠부르크

를 대표하는 카페 토마셀리Café Tomaselli가 보인다. 정장 차림의 웨이터는 몰려드는 관광객에 지쳤는지 조금 퉁명스러워 보인다. 그래도 진한 커피에 휘핑 크림을 얹은 아인슈페너와 초콜릿 케이크의 풍미만은 이 도시만큼 황홀하다. 개점 시기가 1700년대까지 거슬러 올라가는 이 유서 깊은 커피하우스는 이 도시 학자와 사상가, 예술가들이 모여 교유하는 장이었다. 이곳의 테이블에서 모차르트가 악보를 수정하고 카라얀이 커피를 즐겼을 것이다.

붐비는 광장 너머로 잘츠부르크 레지덴츠Salzburg Residenz의 첨탑이 보인다. 잘츠부르크 대주교의 궁전이었던 이 거대한 건물의 내부는 화려한 대리석과 금박으로 장식되어 있고 온갖 조각과 미술품들이 넘쳐난다. 궁전과 잘츠부르크 성당으로 둘러싸인 광장에는 그리스 신 트리톤의 동상이 물을 뿜는 분수가 있다. 제2차 세계대전 초기 오스트리아를 병합한 나치 독일과 그의 동조자들은 1938년 이 광장에서 유대인, 평화주의자, 사회주의자들의 책 1200권을 불태웠고, 이 사건은 1980년대 말이 돼서야 공식적으로 거론되었다. 유사 이래 많은 압제자들이 책을 모아 태우거나 도서관을 파괴했지만 그 안에 담긴 생각과 신념까지 없애지는 못했다. 역사로부터 배우지 못하는 어리석음은 미래에도 되풀이될 것인가?

숲속 자동차 도로는 깊은 계곡과 강을 따라 급커브와 경사가 이어진다. 수동 기어와 고성능 엔진의 민첩한 차가 필요한 이유다. 오래된 골동품 가게가 보이는 거리, 알프스 양식의 목조 건물 안으로 들어서자 편안한 나무와 먼지 냄새 속 오래된 중고 책방의 냄새가 느껴진다. 이어지는 작은 방에는 오래된 목제 가구, 사냥 도구, 박제된 동물, 도자기 등이 들어차 있고, 그 사이를 비추는 햇살에 부연 먼지가 흩날린다. 야생 꿀과 허브, 훈제 고기도 한편에 놓여 있다. 이곳에서 평생을 살았다는 주인 할아버지는 그가 직접 사냥해 훈제한 사슴고기 햄 조각을 건네며 말을 붙인다. 햄 조각을 입에 넣자 끈적한 고기 기름과 함께 나무 향이 퍼진다.

뮌헨으로 돌아와 밀라노행 기차에 올랐다. 알프스 산비탈에 자리 잡은 작은 마을들이 평화로워 보인다. 깊은 계곡을 통과하는 기차의 창문으로는 장쾌한 풍광과 함께 맑은 공기가 밀려온다. 말러의 교향곡이 떠오른다.

오스티아의 폐허

사방이 폐허다. 여기저기 대리석상 조각과 벽돌들이 흩어져 있다. 오랜 세월 방치된 곳, 여기는 고대 로마를 가로지르는 테베레강Tevere R.이 바다와 만나는 곳에 자리한 항구 오스티아Ostia Antica다. 건설 시기가 B.C. 7세기까지 거슬러 올라가는 오스티아는 이후 신흥 세력인 로마가 점령했고 곧 상업 항구로 발전해 나갔다. 로마 제국 시절 아시아와 아프리카의 곡물과 각종 물품들이 지중해를 거쳐 이곳에 도착했고, 테베레강을 따라 로마로 운송되었다.

오늘날 로마 국제공항은 고대 오스티아 북쪽 염전이 있던 바닷가에 자리 잡고 있다. 공항에서 로마로 가지 않고 바로 오스티아 근처 호텔로 향한다. 소박한 정원이 있는 시골 호텔의 로비는 동네 카페테리아를 겸하고 있다. 다음 날 아침, 카페테리아에는 구수하고 향긋한 빵 굽는 냄새가 퍼진다. 풍족한 아침을 맞기에 이보다 더 좋은 냄새가 있을까? 효모는 밀가루 반죽을 발효시키며 빵의 다양한 맛과 냄새를 만든다. 인류의 가장 오래된 음식인 빵은 음식과 거의 같은 의미로 통용되곤 한다. 다양한 종교와 민속 의식에서도 중요한 역할을 해왔다. 빵 냄새는 우리의 생존 본능을 만족시키며 다가온다. 무라카미 하루키의 단편소설 〈빵 가게 습격〉에서 빵은 신경이 곤두선 주인공의 '바닥 모를 허무'를 날려보낸 그 무엇으로 묘사되기도 한다. 최근 고대 이집트 유적에서 채취된 효모로 그 시절의 빵을 재현하려는 시도가 있었다는데, 과연 어떤 향과 맛이었을까?

로마 시대부터 시작된 이탈리안 페이스트리의 역사는 유구하고, 종류 또한 매우 다양해 지방마다 고유한 맛과 모양을 자랑한다. 포카치아나 치아바타 같은 이탈리아 빵의 치밀한 속살에는 올리브 냄새가 배어 있다. 껍질이 비교적 부드러운 편이라 여러 가지 소스와 잘 어울린다. 출근길에 들른 동네 사람들로 카페테리아는 한동안 붐빈다. 나는 진한 커피와 레몬 크루아상, 티라미수를 주문했는데, 그 풍미가 일품이었다.

시골길을 따라 오스티아로 걷는다. 입구 매표소를 지나 조금 걸어 들어가면 과거 정문이었던 포르타 로마나Porta Romana가 나타난다. 현재는 대리석 일부만이 남아 있다. 이어지는 약 5m 폭의 도로 양쪽으로 시가지가 펼쳐진다. 드넓은 폐허 위로 쓰러진 대리석상에는 진한 이끼가 끼어 있다. 무덤과 같은 적막 속에서 긴 세월의 무게가 전해진다. 그 사이 무성하게 자란 풀들은 고적한 풍광을 완성한다. 이곳이 한때 번창했으며, 여전히 그 생명력이 남아 있는 땅임을 보여주는 듯도 하다. 미국 시인 월트 휘트먼Walt Whitman은 무성한 풀을 보며 이렇게 표현했다.

> "풀은 무덤의 자르지 않은 아름다운 머리칼처럼 보인다……. 그리하여 그대는 이곳에서 엄마의 품속인 것이다. 이 풀잎은 노모의 백발이 된 머리에서 나왔다 하기엔 너무 어둡다."

묵직한 여운 속 걸음을 옮긴다. 시가지 건물의 1층은 상점으로, 2층은 주거용으로 사용됐다. 당시 상인들의 외침, 흥정하는 목소리가 남아 있는 듯하다. 곧이어 고대 극장이 나타난다. 주로 경사지를 살려 건설된 그리스 양식 극장과 달리 이 전형적 로마 극장의 입구는 당당한 벽돌 기둥과 아치로 이루어져 있다. 과거와 현재 모두 공연과 행사의 장으로 사용된다. 도시 중심으로 접어들면 광장 너머 높은 계단 위로 주신전 카피톨리움Capitolium의 웅장한 벽을 맞닥뜨린다. 이곳에 주피터, 주노, 미네르바를 위한 제단이 있었다고 한다. 그 옆으로 늘어선 나무들은 아마 건물이 지어진 당시에 심어둔 것일 텐데, 이미 높은 신전 벽을 훌쩍 넘어 자라 있다. 제국의 발전과 함께 오스티아도 번영했다. 2세기경 오스티아는 인구가 10만 명에 이르

렸고 극장, 신전, 상가와 창고 외에도 거대한 목욕탕, 소방시설까지 갖춘 부유한 도시로 성장하고 있었다.

고대부터 오스티아 항은 테베레강이 쏟아내는 토사로 수심이 얕아져 보수와 재건을 거듭해야 했다. 결국 트라야누스 황제Trajanus, 98~117 집권기에 새 항구가 건설되었고, 도시 북쪽에 자리한 항구는 테베레강과 운하로 연결되었다. 항구는 파도에 의한 침식을 막기 위해 육각형으로 건설됐고, 현재도 그 모습이 남아 있다. 로마는 급격히 인구가 증가함에 따라 점점 더 많은 식량이 필요해졌다. 나일강 삼각주에서 재배된 곡식은 지중해를 거쳐 로마로 운송됐다. 당대 로마 귀족들은 사치스러운 향료 문화를 즐겼는데, 이 때문에 인도의 후추와 계피, 아라비아의 유향 등이 사막과 홍해를 거쳐 알렉산드리아에 집결됐다. 곡식과 진귀한 상품들을 싣고 알렉산드리아를 출발한 화물선은 북아프리카 해변을 따라 서쪽으로 항해하다 시칠리아와 이탈리아 반도를 따라 북상해 이곳 오스티아에 도착했을 것이다. 일부는 남쪽 나폴리 근처 푸테올리에 닿아 육로로 이곳까지 운반되었다고 한다. 이어지는 폐허 위에 낡은 벽돌 벽을 담쟁이들이 무성하게 감싸고 있고 벽 위에는 코린트식 석주가 화려하다.

해변으로 향하는 문, 포르타 마리나Porta Marina에는 해상 공격에 대비한 육중한 방어 구조가 남아 있다. 문 밖으로 나서자 황량한 습지가 펼쳐진다. 그 한가운데를 공항 방향 간선 도로가 가로지르고, 멀리 강변에는 작은 어선들이 정박해 있다. 오스티아 항구는 결국 테베레강이 쏟아내는 토사를 견디지 못하며 쇠퇴했고 이민족에 멸망한 로마와 함께 오랜 세월 방치되었다. 쌓인 토사가 해변을 형성하여 현재 유적지는 바다로부터 3km 떨어진 내륙에 위치한다.

돌아오는 길, 오래된 성벽에 잇대어 형성된 작은 마을이 아름답다. 한가한 광장의 오래된 분수에선 아직도 물이 흐르고 한편에 오래된 성당이 보인다. 낡은 기와집엔 붉은 꽃들이 활짝 피어 있다. 오스티아 항구가 쇠퇴하던 시절에도 귀족들이 로마에서 가까운 이곳 해변에 빌라를 건설했고 그 일부가 발굴되고 있다. 그들의 자취가 이 마을 골목 길에도 남아 있을까? 점심 식사를 위해 들른 마을 식당 내벽의 낡은 벽돌, 오래된 프레스코 벽화 조각들은 오스티아의 폐허를 연상시킨다. 와인과 함께 나온 빵에는 시골 오븐의 구수한 향이 남아 있고, 전

채요리는 버섯과 올리브 향이 진하다. 이탈리아 남부로 내려갈수록 이 향은 더욱 진해지고 여기에 안초비와 마늘이 더해질 것이다. 번창하던 오스티아의 거리 붐비던 식당을 생각하며 식사를 했다.

다시 공항이다. 한때 바닷길이 모여 번성했던 이곳은 이제 하늘길을 하나로 묶는다. 세관을 통과한 여행객들은 바쁜 걸음으로 로마행 열차에 오른다. 길 건너 바로 펼쳐진 고대 항구의 유적을 이들은 알고 있을까? 이집트 알렉산드리아와 함께 로마 제국의 발전을 지탱한 항구였으나 2000년이 흐른 지금, 로마 근교의 잊혀져 가는 유적지와 어촌 마을로 기억되는 이 도시를 말이다.

몰타 어시장

몰타는 지중해 한가운데 있는 섬나라다. 제주도의 1/5 정도되는 작은 면적이지만 이탈리아 반도와 북아프리카 사이에 놓인 요충지로서 수많은 문명들이 들고 났던 곳이다. B.C. 4000~3000년에 걸친 인류 최초의 석조 건축물, 카르타고·로마 간의 포에니 전쟁, 사도 바울의 발자취, 비잔틴·아랍·노르만과 근대 스페인·프랑스·영국의 지배에 이르는 역사를 고스란히 간직한 유적과 건축물들을 모두 품고 있다. 거리에서 마주치는 얼굴에는 수많은 문명의 흔적들- 남부 이탈리아, 북아프리카, 아랍인들의 모습이 겹쳐진다.

1453년 콘스탄티노플을 정복한 오스만 제국은 유럽 동부와 지중해로 진출했고, 중부 유럽의 합스부르크 제국과 지중해 전역에서 격돌했다. 지중해 장악을 꾀하는 오스만에게 몰타는 전략적 거점이며 필연적 목표였다. 당시 몰타에 주둔하던 유럽 기사단Knights Hospitaller은 성지 순례자를 보호하고 있었는데, 이들은 항구 지역을 요새화하고 식량을 비축하며 오스만의 공격에 대비했다. 대규모 공격이 시작된 것은 1565년의 일이었다. 200척이 넘는 배와 4만 명 이상의 병력을 앞세운 오스만은 섬 대부분 지역을 정복하고 항구를 포위 공격했다. 유럽 기사단의 수비군 병력은 6000명에 불과했으나 오스만의 작전을 정확히 예측한 총사령관 장 드 발레트Jean de Valette의 지휘 하에 결사적으로 전투에 임했다. 치열한 방어전 속에서 오스만의 공격은 별다른 진전이 없었을뿐더러 유럽 지원군까지 등장해 힘을 보탰다. 결국 오스만은 철수하게 되었고, 기세등등하던 오스만 제국에 대항해 처음으로 의미 있는 승리를 거둔 유럽의 가톨릭 진영은 환호했다.

이후 몰타의 기사단은 유럽의 적극적 지원을 받아 본격적으로 도시를 건설했고, 이 도시를 지킨 영웅의 이름을 따라 발레타Valletta로 명명했다. 이후 차례로 프랑스와 영국의 식민지가 된 몰타는 제2차 세계대전 전선이 북아프리카까지 확장되면서 다시금 전략적 요충지로서의 역할을 요구받았다. 영국은 맹렬하게 달려드는 독일과 이탈리아 군으로부터 간신히 몰타를 지켜냈고, 수상 처칠은 이 섬을 '가라앉지 않는 항공모함'이라 부르기도 했다.

발레타 구시가지의 입구는 거대한 성벽과 해자로 둘러싸여 있다. 해자를 넘어 시가지로 들어서자 중심 대로에는 장중한 바로크 양식의 성당과 궁전들이 이어진다. 그중 도시 건립 초기에 지어진 성 요한 성당은 당시 정점에 있던 가톨릭의 위세와 정교한 바로크 양식을 아우르며 존재감을 떨친다. 화려한 프레스코화, 대리석과 금박으로 장식된 내부는 현란함의 극치다. 바닥은 온갖 빛깔의 대리석으로 이루어져 있는데, 그 아래 400명 가까운 기사들의 무덤이 있다고 한다.

광장 카페에 앉아 성당을 바라본다. 로마 제국 시절 탄압받던 기독교는 313년 콘스탄티누스 황제 때 비로소 공인됐고, 이후 2000년 넘는 세월 동안 서방 세계의 정치, 문화, 역사 등 전 분야를 주도하며 오늘에 이르고 있다. 비기독교인을 포함한 전 세계인이 그 영향으로부터 자유로울 수 없다. 성당 근처에 자리한 국립 도서관은 신고전주의 양식의 대리석 건물로, 내부

장서실에 기사단이 중세 시절부터 간직해온 고문서들을 보관하고 있다. 높은 천장까지 이어진 서고에는 묵직한 나무와 곰팡이 냄새가 고여 있고, 전시된 양피지 문서엔 이 도시의 오랜 역사가 그대로 서려 있다. 이어지는 시가지의 오래된 주거용 건물에서는 독특한 개성을 지닌 창문과 발코니가 눈에 띈다. 바로크 양식의 석제 발코니와 화려한 색상의 목제 발코니, 그리고 이를 떠받치는 독특한 조각들이 장엄한 종교 건축물과 대비되는 듯 조화를 이룬다.

성당과 궁전, 고급 상점들이 있는 중심 도로 옆 좁은 골목으로는 오래된 식당과 술집의 낡은 간판들이 보인다. 20세기 중반까지 몰타는 영국 해군의 주요 기지였고 이곳의 술집 골목들은 해병들의 해방구였다. '거트Gut'라고 불리는 이 좁고 낡은 골목들에선 아직도 퀴퀴한 냄새가 스며 나오는 듯하다. 길을 걷다 한 상점 옆 성당으로 들어섰다. 낡았지만 성 요한 성당에 못지않은 화려함과 장중함이 느껴진다. 조금 더 살펴보니 '성 바울 난파 교회Church of St. Paul's Shipwreck'다. 성경에서 사도 바울은 로마로 압송되던 배 위에서 폭풍우를 만나 멜리다 섬으로 피신하는데, 그곳이 지금의 몰타 섬이라 전해진다. 그래서

일까, 교회는 사도 바울의 유골 일부를 보관하고 있다. 이 유서 깊은 성소에서 기도와 묵상의 시간을 보낸다.

몰타 남동쪽 해안의 오래된 항구 마르사실로크Marsaxlokk에 왔다. 바다에는 선명한 색상의 작은 어선들이 떠 있다. 대서양의 참치들이 지중해로 이동하는 5~6월이 되면 시칠리아와 몰타 주변에서는 으레 참치 잡이가 행해졌다. 지금도 일군의 어부들은 전통 방식으로 참치를 잡는다. 여러 배가 그물을 같이 내려 참치를 끌어올리는 이 방식은 기원전 페니키아 시대 이후로 크게 바뀐 것이 없다고 한다. 해변 도로 너머 낡은 지중해식 건물들 사이로는 해산물 식당과 카페들이 이어진다. 일요일마다 이 해변에서 작은 어시장이 열린다. 햇빛만 간신히 가린 텐트 아래 사람들이 모여 있으니, 이곳엔 그저 태양과 생선과 사람뿐이다. 생선 장수는 묵직한 칼로 참치를 토막 내고, 바닥에 떨어진 내장과 찌꺼기는 뜨거운 날씨에 달궈져 금세 비린내를 풍긴다. 어디서 냄새를 맡았는지 벌써부터 파리가 몰려든다. 생선 냄새는 습하고 짭짤한 바닷바람과 섞여 오래된 포구의 냄새를 만들어 낸다.

분명 향기롭다고 할 순 없지만, 생선 비린내는 어시장의 활기찬 분위기를 전하고 때로는 잃어버린 식욕을 자극하기도 한다. 먹잇감을 사냥한 야생 동물에게는 냄새 진한 내장부터 먹는 습성이 있다. 그 본능이 우리에게도 아직 남아 있는 걸까. 중세에 이르기까지 유럽과 아시아의 강에 우글거렸던 생선은 귀중한 식량으로 여겨졌다. 중세 시대 가톨릭 교회는 단식일을 지정해 '죄를 범하게 하는 뜨거운 육류'의 섭취를 금하는 대신 생선 먹기를 독려하기도 했다. 육류와 비교할 수 없는 생선의 맛과 냄새는 긴 세월 인간의 정서 깊은 곳에 자리 잡아 왔다.

생선 비린내에 대한 수용 정도는 지역과 문화에 따라 달라진다. 얼마 전 일본의 한 여행 사이트에서 지독한 냄새를 풍기는 세계 음식 순위를 매긴 적이 있는데 압도적 1위는 스웨덴의 청어 절임 '수르스트뢰밍[Surstroemming]', 2위가 한국의 삭힌 홍어였다. 시큼한 청어라는 뜻의 수르스트뢰밍은 소금에 절인 청어를 통조림으로 만드는데, 썩지만 않게 최소한의 소금을 넣는다. 때문에 용기 안에서 발효된 통조림은 개봉하는 순간 독한 비린내가 터져나온다. 하지만 우리가 삭힌 홍어를 찾듯, 스웨덴 사람들에게 그 냄새는 오랜 세월 깊게 각인되어 있다. 말하자면 수르스트뢰밍은 스웨덴의 솔푸드[Soul food]인 셈이다.

생선과 생선 냄새는 여성의 생식기와 비교되며 동서양 전통 민속에도 다양하게 등장한다. 우리나라에서는 남근석이나 남신에게 바치는 제사상에 생선을 반드시 올려놓았고, 발칸 반도의 어느 지역에서는 여자들이 작은 생선을 자기 음부 속에 넣어두었다가 '연인을 위한 최음제'로 사용하는 풍습이 있었다. 20세기 초 정신분석학자들은 이들 풍속에서 인간의 무의식과 성욕의 관계를 탐구하기도 했다. 예술가 이불의 퍼포먼스 〈물고기의 노래〉에서는 하얀 소복 입은 여인이 생선을 어루만

지며 울부짖다 가슴에 안는 장면이 나온다. 그의 여러 작품 속에서 생선은 여성으로서의 정체성을 표상한다. 세계를 무대로 활동하는 이불은 1997년 뉴욕현대미술관의 초청 전시에서 날생선을 전시했다가 점점 심해지는 비린내에 작품이 철거되는 소동을 일으키기도 했다. 생선과 그 비릿한 냄새는 인간 본능 깊숙이 식욕과 성욕 사이에 얽혀 있다.

바닷가 언덕에는 선사시대의 거석 신전Megalithic Temple이 남아 있다. B.C. 4000년경 건설됐다고 추정되는 인류의 가장 오래된 석조 건축물 중 하나다. 다양한 크기의 석회암을 쌓아 올린 두 개의 신전이 있고, 근처에 또 다른 신전군이 남아 있다. 특히 남쪽 신전의 중심 축은 1년에 두 번, 춘분과 추분 때 떠오르는 태양빛의 방향과 정확히 일치한다고 한다. 6000년 전 어느 가을 아침, 태양의 나지막한 빛이 제단을 신비롭게 비출 때, 그들은 수확한 곡식과 짐승을 제물로 바치며 신에게 제사를 지냈을 것이다. 신전 앞 바다가 보이는 언덕에 섰다. 늦은 오후, 바다에 드리운 태양 앞에서 나는 세상을 향한 경외를 6000년 전 그들과 함께 나눈다.

향수 이야기

#이탈리아 여인이 키워낸 프랑스 향수

중세를 지나며 베네치아를 비롯한 이탈리아의 상업 도시들은 동서무역을 주도하며 전성기를 맞았다. 이 와중에 동양의 향 문화도 이탈리아를 통해 유럽에 전파됐다. 16세기 중반, 이탈리아 메디치 가문의 상속녀 카트린Catherine de Medici은 프랑스의 앙리 2세와 결혼하면서 이탈리아 음식과 향 문화를 프랑스에 가져갔다. 이는 프랑스가 유럽 향 문화를 주도하는 계기가 됐다. 카트린 왕비는 당시 프랑스 남부 가죽 가공의 중심지였던 그라스Grasse를 향 관련 산업의 중심지로 육성했는데, 이 지역은 현재도 세계 향수 산업 전반을 주도하고 있다.

#샤워 콜롱은 독일 쾰른에서 왔다

1709년 이탈리아 출신 조반니 파리나Giovanni Maria Farina는 알코올 바탕에 감귤류 향을 가진 향수를 개발한다. 제조 시설이 있던 독일 쾰른Cologne으로부터 이름을 따 '오드콜로뉴Eau de Cologne'으로 명명된 이 향수는 유럽 왕실에서 폭넓은 인기를 모았다. 오늘날 오드콜로뉴(영어식으로는 콜롱)는 3~7%의 향료를 함유하는 상쾌한 느낌의 향수를 통칭하는 이름이다. 오드투알렛, 오드퍼퓸, 퍼퓸 순으로 향료 비율이 높아진다.

#소설 향수

18세기 프랑스를 배경으로 한 파트리크 쥐스킨트의 소설《향수Das Parfum》는 유혹적 체취에의 상상력을 한껏 보여준다. 천재적 조향사인 주인공 그르누이는 사랑과 욕망을 불러일으키는 특별한 여자들로부터 그 체취를 추출해 향수를 만드는 데 성공한다. 그리고 이 향수를 맡은 사람들이 집단적으로 성감을 느끼며 광기에 휩싸이는 마지막 장면에서 이야기는 절정으로 치닫는다.

#19세기 파리, 퍼퓸 하우스

19세기는 프랑스에서 조향사가 전문 직종으로 자리 잡기 시작한 시기다. 피에르 프랑수아 겔랑Pierre-Francois Pascal Guerlain은 나폴레옹 3세의 황후를 위해 '오드콜로뉴 임페리알Eau de Cologne Imperial'을 만들었다. 오렌지 꽃과 시트러스 향이 은은하게 조화된 이 향수는 전설이 되었다. 향수나 향료를 담은 작은 유리병이나 상자는 오래전부터 중요한 공예품이었는데, 이 향수병에는 황실의 독수리 문양과 69마리의 벌이 황금으로 새겨졌다고 한다. 이때 설립된 퍼퓸 하우스 겔랑은 현존하는 가장 오래된 향수 회사로, 5대째 가업을 이어가며 320

여 종의 향수를 출시했다. 그중 지키Jicky(1889), 뢰르 블루L'Heure Bleue(1912), 샬리마Shalimar(1925), 삼사라Samsara(1989) 등은 향수 역사에 남을 명작들이다. 2008년 한국을 방문하기도 했던 당시 겔랑 수석조향사 티에리 바세Thierry Wasser는 인터뷰를 통해 이런 말을 남기기도 했다. "향기는 상상 속에서 완성된다…… 향기는 자유다."

#샤넬 넘버5와 니치 향수

20세기 들어 여러 종류의 합성 향료가 개발되면서 향수는 점차 다채로워지고, 대중화되기 시작했다. 그중 '샤넬 넘버5'는 인공 화합물인 알데히드Aldehyde를 사용해 재스민의 천연 향을 보존하고, 더 강렬하게 표현한 최초의 현대적 향수였다. 오늘날까지 널리 사랑 받는 명품으로, 배우 마릴린 먼로가 '샤넬 넘버5 몇 방울'

만 입고 잔다고 기자들에게 답한 것은 유명한 일화다. 그 밖에도 디올, 아르마니, 랄프 로렌, 캘빈 클라인 등 유명 패션 회사들이 향수 산업을 주도했다. 20세기 후반부터는 딥티크, 조 말론같이 향수만 전문으로 생산하는 소규모 회사들이 나타난다. 이들이 고급 천연 향료를 주로 사용하여 소량으로 생산하는 '니치 향수Niche Perfume'들은 유명 패션 하우스에서 생산되는 디자이너 향수에 비해 독특한 향과 개성으로 추종자들을 만들고 있다.

향수 계열표

오늘날 향수들은 향의 특징에 따라 6~7개의 계열Family로 분류된다.

* **Floral** 기본적인 꽃향기 계열. 자연 향과 인공 향이 같이 사용된다. 장미, 재스민, 라일락, 은방울꽃 등의 향을 사용한 가장 오래된 향수들이다.

* **Citrus** 오렌지, 레몬, 라임 등 감귤류의 상큼한 향이 특징. 휘발성이 강하고 지속력이 짧아 여러 향수의 초기 향으로 사용된다.

* **Chypre** 20세기 초 프랑스의 저명한 조향사였던 프랑수아 코티는 '십자군 시대의 지중해'라는 개념으로 시프레(사이프러스의 프랑스식 발음)라는 이름의

향수를 만들었다. 엄청난 성공을 거둔 이 향수는 이후 다양하게 발전되었고 오늘날 시트러스 향, 나무 이끼 향, 사향의 기본 구조를 가지는 시프레 계열 향수의 시조가 되었다. 숲속 축축한 이끼 향, 젖은 흙냄새가 특징이다.

* **Aromatic** 라벤더, 로즈메리, 민트 등의 허브 향과 풋풋한 풀잎 냄새가 특징이다.

* **Woody** 나무의 안정되고 편안한 느낌을 주는 향. 주로 샌들우드, 삼나무, 패출리 향이 중심이다.

* **Oriental** 동양의 신비롭고 이국적 이미지를 표현하는 향수 계열. 사향, 앰버 등 동물성 향료와 바닐라, 발삼 등 식물성 향료가 사용된다.

Ⅲ. 향과 나

아시아

이 세상을 뒤덮은 온갖 냄새를 우리는 어떻게 구별하는 것일까? 인간은 1000개 정도의 후각수용체 유전자를 가지고 있으며 그중 약 300개 유전자의 기능이 알려져 있다. 콧속 후각세포에서 발현된 후각수용체들은 냄새 물질을 인식해 뇌에 전달한다. 인간이 시각과 청각에 주로 의지하게 되면서 많은 후각 유전자들과 그 기능은 퇴화된 것으로 보인다. 그러나 후각은 생명체의 발달과정에서 가장 오래된 뇌 부위와 연결되어 있고 이 부위는 여전히 인간 능력의 신비한 가능성을 내포하고 있다.

광활한 아시아 대륙은 많은 민족들이 긴 세월 다양한 문명을 발전시킨 곳이다. 기독교와 불교, 이슬람 등 주요 종교들이 아시아에서 탄생했고 중국인은 종이와 화약을 발명했다. 아시아 여러 인종들이 발전시킨 향과 음식 문화는 온갖 냄새를 뿜어내며 여행자들을 유혹한다.

천혜의 자연환경과 독특한 전통 문화를 지닌 동남아시아는 한국인이 즐겨 찾는 지역이다. 태국의 사원 옆 거리 좌판에서 풍겨오는 강렬한 꽃향기, 필리핀 외딴 섬의 수정같이 맑은 바다와 그 바닷속 열대어들, 야자나무 아래 끝없이 펼쳐지는 베트남의 농촌 풍경……. 이토록 농밀한 풍광과 문화를 지구상 어디와 비교할 수 있을까? 그뿐인가. 망고, 파파야, 두리안과 같은 열대 과일과 정향, 육두구, 계피, 레몬그라스 등 온갖 향신료가 냄새를 뿜어내며 소용돌이치는 곳 아니던가. 그 달콤하고 진한 향내의 연원은 뜨거운 태양, 맹렬히 쏟아지는 폭우의 열정일까? 잔뜩 물오른 식물의 빛깔은 또 얼마나 선명한가. 시장에 가면 동남아 음식에 널리 쓰이는 생선 소스의 고릿한 냄새가 풍긴다. 이를 처음 접하는 서양인들은 눈살을 찌푸리겠지만, 발효 문화를 공유하는 우리에겐 비교적 익숙한 냄새다. 방콕이든 호찌민이든 싱가포르든 대도시 번화가는 어딜 가든 어지럽지만, 마주치는 사람들의 표정은 밝고 친근하다.

인도차이나 반도를 건넌다. 태양은 인도와 스리랑카에 이르러 더 뜨거워지고, 열대 지방의 풍경을 완연히 드러낸다. 장대한 갠지스강을 따라 펼쳐지는 것은 오래된 도시의 궁전과 유적지, 그리고 다채로운 문화다. 강 하류의 지평선까지 이어진 늪 지대에는 수련이 흐드러지게 피어나고, 그 사이로 진한 진흙 냄새가 피어오른다. 열대 과일의 종류는 한껏 늘어난다. 망고만 해도 수십여 가지고, 석류 같은 건조 지역 과일들도 나타나 종 다양성을 더한다. 코코넛을 넣어 달콤한 맛을 내던 동남아식 카레는 이곳에서 강황, 쿠민, 생강 등 온갖 향신료와 식재료를 만나 조금 더 풍부해진다. 히말라야 기슭과 스리랑카 섬에서 자라는 차는 발효, 가공되어 그만의 독특한 향기를 뿜어낸다. 동아시아인에 비해 아포크린 땀샘이 발달한 이 지역 사람들은 강한 체취를 지닌 경우가 많아 일상적으로 강한 향수를 사용한다. 이곳에서 향수의 재료와 음식에 쓰이는 향신료는 점차 구분이 모호해진다. 과일 향과 향신료, 그리고 강한 체취, 때로는 오물 냄새까지 섞인 뭄바이와 콜카타의 거리는 여행자들에게 깊은 인상을 남긴다. 힌두교, 불교, 자이나교, 시크교 등 여러 종교가 발원한 이 고장에서 사람들은 제물을 바치고 샌들우드 향을 피운다. 향과 차를 즐기는 이들은 친근하지만 내면적이다.

인도에서 네팔 지방 도시로 향하는 비행기의 창문 너머, 히말라야의 눈 덮인 고봉이 보인다. 20세기 후반 인도를 향하던 서양의 히피들은 중앙아시아를 거쳐 네팔의 수도 카트만두에 모여들었다. 지금도 배낭 차림의 여행자들은 히말라야 트레일이나 사원에서 시간을 보내다 인도 각처로 흩어진다. 현대판 히피들이 어슬렁거리는 카트만두 타멜 거리에는 카페 골목에서 흘러나오는 히말라야 커피 향과 대마초 냄새, 사원의 매캐한 향 연기, 자욱한 매연 냄새가 뒤섞여 있다.

후각과 환상

필리핀에는 7000개가 넘는 섬이 있다. 섬들은 저마다 숨막히는 비경을 품는다. 여기는 세부섬 남서쪽 모알보알Moalboal. 전 세계 다이버들이 열대 바닷속 화려한 산호와 물고기를 찾아오는 곳이다. 거대한 고래상어를 만날 수도 있다.

모알보알 중심가 어느 카페에 들어선다. 프린트 셔츠 차림의 서양인이 바에 걸터앉아 있는데 그의 손에는 붉은 칵테일이 들려 있다. 필리핀 사내는 제법 능숙한 한국어로 주문을 받으며 요즘 한국 드라마 얘기를 꺼낸다. 우리와 그들은 이렇게 엮여 있다. 망고 슬러시를 한 모금 마시니 진한 향이 입속 가득 찬다. 이곳의 노란 망고는 복합적 향의 인도 지역 망고에 비해 단맛이 더 명료하다. 거리엔 야자나무 아래 사람들이 한가하게 모여 있고, 과일 행상 앞을 아이들이 뛰어다닌다. 바다 쪽에서 따뜻한 바람이 밀려온다.

살랑거리는 야자나무를 보며 플로리다 키 웨스트에 있는 헤밍웨이 하우스를 생각한다. 헤밍웨이가 1930년대 살았던 이 콜로니얼 스타일 저택에는 야자나무 우거진 정원에서 꽃 냄새가 흘러나오고 있었다. 그는 이곳에서 《킬리만자로의 눈》을 썼고 근처 단골 술집에서 데킬라를 마셨다. 생각은 꼬리를 물고 에릭 클랩튼의 1970년대 블루스 앨범까지 이어진다. 이 전설적 기타리스트의 앨범 〈461 오션 불러바드Ocean Boulevard〉의 표지에는 야자나무 한 그루가 느긋하게 휘어 자라고 있었다. 클랩튼의 그 매혹적 연주를 추억하며 앨범 수록곡 중 하나인 〈렛 잇 그로우Let it grow〉를 흥얼거린다. 자라게 하라, 꽃피게 하라.

멀리 거대한 은빛 덩어리가 꿈틀거린다. 바닷속 15m, 오후 햇살을 받아 번쩍이는 정어리 떼는 타원형에서 갑자기 기이한 형태로 그 모습을 바꾼다. 돌연 사라지더니 내 왼쪽에 다시 나타난다. 유령이 춤추듯 그 비현실적 모습에 나는 완전히 빨려 들고 만다. 절벽에 붙은 산호가 맹렬히 빛을 뿜어내고 내가 뱉는 물방울 소리가 신비하게 울린다. 헐떡거리다 문득 낯선 냄새를 느낀다. 정어리 냄새? 하지만 내 코는 어깨에 멘 공기통에 연결돼 있으니 이는 후각적 연상이나 환상에 가깝다. 사람들은 강렬한 자극이나 충격, 각종 약물의 영향이나 질병 상태에서 감각의 왜곡을 경험한다. 임산부의 후각 변화는 잘 알려진 예다.

후각은 생물의 진화과정에서 가장 먼저 발달한 원시적이고 신비한 감각이다. 후각이 발달한 동물들은 보지 않고 소리 내지 않아도 냄새를 통해 위험이 다가오는지, 자기 짝이나 새끼가 어디 있는지 알 수 있다. 후각을 통해 오랜 생존 본능이 쌓여온 것이다. 인간의 후각 중추는 대뇌 피질 아래 변연계Limbic System에 위치하는데, 이곳은 감정이나 기억, 성적 충동과 동기부여를 관장하는 신경조직들이 모여 있는 곳이다. 이로써 후각적 체험은 우리의 감정이나 욕망에 얽혀 영향을 주거나, 반대로 감정의 흐름이 후각에 영향을 줄 수도 있다. 이러한 현상은 대개 무의식적으로 일어나는데, 최근의 연구에 따르면 우리는 수면 중에도 후각 기관으로 냄새를 인식해 생리 현상에까지 영향이 미친다고 한다. 다시 말해 후각과 감정, 욕망 등이 수면이나 무의식의 영역에서도 상호작용할 수 있다는 것이다.

"직관적 마음은 성스러운 선물이고, 합리적인 마음은 충실한 종이다. 우리는 종을 찬미하고 선물을 잊어버린 사회를 창조했다."

아인슈타인이 남긴 말이다. 근대 초기 관찰과 합리적 추론Reasoning에 바탕한 '과학'은 종교와 철학으로부터 독립하며 발전의 토대를 마련했다. 과학과 기술의 급속한 발전은 현대 문명의 근간을 이뤘고, 우리는 이제 자연과 사회를 비롯한 인간사의 많은 부분을 논리적으로 설명하고 이해하려 한다. 그럼에도 인간은 이런 논리적 추론을 뛰어넘는 종합적 파악 능력을 여전히 간직하고 있는데, 바로 직관Intuition의 영역이다.

직관은 무의식적 인식과 통찰, 내적 감각 등에서 유래하는 흥미로운 능력이다. 철학과 인지과학에서 오랜 시간 연구됐으나 아직 대부분이 미지의 영역이다. 우리는 은연중 많은 부분을 직관에 의지해 살아가고, 때로는 직관과 무의식의 영역에서 영감을 얻는다. 환상 또한 이 연장선에서 생각할 수 있지만, 그 경계를 알기는 어렵다. 어쩌면 후각의 신비로운 기능이 뇌 깊숙이 무의식에 연결되어 이들 사이를 오가는지도 모른다.[21]

세기 기술 문명과 이성적 논리에 함몰된 우리는 후각과 함께 직관과 무의식의 오랜 가능성을 스스로 억제하는 것은 아닐까?

정어리 떼와 함께 환상은 물러가고, 노란 꼬리의 열대어가 차분히 내 옆을 지난다. 계기판을 보니 공기압이 최저점을 향하고 있다. 물 위에 떠오르자 멀리 섬과 해변의 숲이 보인다. 나는 다시 시각이 지배하는 현실 세계로 돌아왔다.

곰배령 초원

계곡에 접어들자 시원하고 축축한 공기가 콧속에 스며든다. 강원도 남부 점봉산 곰배령을 향하는 계곡 길. 장맛비로 계곡물은 불어나고, 온통 젖은 산길 주변에는 양치식물이 무성하다. 낮은 고갯길을 넘어서자 계곡은 더 깊어지는데 별안간 향긋한 냄새가 코를 스친다. 몇 미터를 더 걸어가자 선홍색 꽃 앞에서 사진을 찍는 이가 있다. 노루오줌 꽃이란다. 자그마한 꽃에 코를 대자 달콤한 향에 풋풋한 풀 냄새가 상쾌하다. 정상의 야생화 풀밭을 맛보기로 펼쳐놓은 걸까? 축축한 공기 속 향기는 더욱 진해지는 듯하더니 어느새 사라지고 만다. 다시금 꽃을 마주쳤지만 이번엔 어떤 향기도 느껴지지 않는다. 숨바꼭질하듯 길을 걷는다.

후각을 자극하는 휘발성 물질은 습한 공기 속에서 확산이

정체되어 더 지속적인 자극을 주게 된다. 우리 콧속 점막도 축축해지면서 후각 물질들이 잘 흡착되고 냄새에 더욱 예민해진다. 2018년 스웨덴 영화 〈경계선Border〉은 깊고 축축한 숲이 배경이다. 국경 세관에서 근무하는 주인공은 정상 범주를 뛰어넘는 예민한 후각으로 범죄자의 냄새를 찾아내곤 한다. 그녀는 퇴근하면 바로 집 근처 이끼가 깔린 축축한 숲으로 향하고, 온갖 냄새에 둘러싸여 혼자만의 잔치를 벌인다. 인간의 심리나 사회현상이 생리 작용에 영향을 줄뿐더러 후각으로 감지될 수 있다는 상상력은 이 영화에서 가장 흥미로운 대목이다. 실제로 한 실험 심리학자는 공포, 불안 등 인간 심리를 매개하는 후각 물질에 대해 보고하기도 했다.

예민해진 후각은 곧 '후각 피로'에 빠지고 우리는 더 이상 그 냄새를 맡지 못하곤 한다. 이는 신경세포를 사용한 전기생리학 실험에서도 재현되는데, 또 다른 냄새를 맡기 위한 생리 현상이라고 할 수 있다. 얼마나 걸었을까. 사라진 향기가 다시 나타나고 멀리 작은 폭포 주변에 노루오줌 꽃들이 보인다.

산속 길 중턱에 작은 마을이 나타난다. 맑은 하천을 따라 지은 나무 집들은 계곡 풍광을 자연스럽게 끌어안는다. 약초를 캐는 날이면 이곳 주민들은 바람결에 스치는 독특한 풀 내음을 따라 계곡을 뒤진다고 한다. 이어지는 계곡, 무성한 양치식물 사이 바위에는 파릇한 이끼들이 잔뜩 붙어 있다. 나뭇등걸 갈라진 틈에 자라는 이끼들이 묵직한 냄새를 전한다. 이들은 중요한 향수 재료이기도 하다. 모로코 지역 참나무이끼Oakmoss에서 추출된 농축액은 젖은 흙과 숲 냄새가 특징인데, 산뜻하고 가벼운 향 물질의 휘발성을 제어하고 균형을 잡아준다. 꿀풀과의 관목 패출리Patchouli 잎에서 추출한 오일 또한 독특한 흙과 나무 냄새를 가진 향수 재료다. 패출리 향에는 살짝 달콤한 냄새도 섞여 있다.

가파른 마지막 구간을 통과하자 시야가 확 트이며 드넓은 풀밭이다. 화려한 봄꽃이 지나간 자리에 은은한 당귀 꽃과 보랏빛 용담이 퍼져 있고, 그 사이를 나비들이 우아하게 날아다닌다. 원초적 모습을 간직한 넓은 초원은 인간에게 다양하고 복잡한 감정을 유발한다. 오랜 세월 많은 작가들이 목가와 전원시를 남긴 까닭이다. 에밀 졸라는 황홀감으로 가득 찬 풀밭을 남녀 간 '섹스 이전의 사랑'이 펼쳐지는 에덴동산에 비유했

다. 무라카미 하루키의 소설《노르웨이의 숲》을 각색한 동명의 영화에서는 남녀 주인공의 은밀한 시간들이 산 중턱 넓은 초원에서 펼쳐진다. 바람에 따라 물결치는 풀밭과 여인의 머리칼은 그들의 내면을 표현하고 그 숨결이 함께 느껴진다.

19세기 유럽에서 감각론Sensualism이 대두되면서 프랑스 작가들은 자연의 향기와 인간의 체취를 낭만적으로 결합해 묘사했다. 발자크의 소설《골짜기의 백합》에서 주인공은 사모하는 여인에게 "내 정신이 애무하고, 영혼이 입맞추는 아름다운 꽃이여! 언제나 변함없이 줄기가 곧고, 언제나 희고, 자존심이 강하고, 향기롭고 고독한 백합이여!"라고 찬미했다. 이러한 낭만적 묘사는 후각적 환상과 관음증으로 이어졌는데, 플로베르는 그의 연인에게 이런 편지를 썼다. "장갑을 곁에 두고 있습니다……. 아직도 당신 어깨의 향기를, 기분 좋은 열기를 지닌 당신 팔의 향기를 맡고 있는 듯한 기분이 듭니다." 계곡을 오르며 내 머릿속을 채웠던 진한 냄새들은 물러가고, 어느덧 코 아닌 눈이 풀밭의 풍광을 감각한다.

직립보행을 시작한 인간은 시각 중심적으로 빠르게 변화했다. 땅에서 멀어진 코보다는 눈으로 더 멀리, 더 많은 것을 볼 수 있기 때문이다. 후각은 그렇게 급격한 퇴화를 겪는다. 인간처럼 직립보행하는 영장류에서도 후각 기능의 퇴화가 관찰된다. 여러 종류의 영장류를 비교 분석한 최근 연구는 이러한 후각의 퇴화가 천연색 시각Color Vision의 발전과 같이 진행되었음을 제시한다.

눈에서 수집된 시각 정보들은 대뇌 피질에서 종합적으로 분석되고, 인접한 언어 중추를 통해 언어로 표현된다. 동시에 언어를 표현하는 문자는 시각으로 인식된다. 언어가 다양한 시각적 자극을 표현하며 발전하는 동안, 후각은 논리적 언어보다는 감정에 더 밀착되어 갔다. 우리는 냄새를 맡으며 복잡다단한 감정에 빠지지만, 그것을 언어로 표현하려는 순간 어려움에 닥치곤 한다. 시각을 통해 입력되는 정보는 다른 정보를 희석시키는 경향도 있다. 그래서 우리는 시각 말고 다른 감각에 빠져들 때 눈을 감는다. 음악에 빠져들 때, 키스하거나 포옹할 때.

산 아래 아담한 식당에 들어선다. 이곳에선 직접 채취하거나 재배한 식재료를 사용하는데 특히 꽃송이나 어린잎은 음식에 향기를 더한다. 국화, 진달래, 장미꽃, 살구꽃 등이 좋은 예다. 주문한 산채비빔밥과 샐러드는 온갖 식물이 어우러진 작은 정원이다. 그릇 한가운데 하얀 개망초 꽃이 얹혀 있다. 한 입 씹으니 쌉쌀한 가운데 국화 향이 진하게 퍼진다. 다시 곰배령의 꽃밭이 그려진다.

선암사에서

순천 선암사는 529년 백제 성왕 때 건립된 유서 깊은 사찰이다. 조계산 계곡을 따라 올라가는 길, 멀리 승선교가 보인다. 자연석을 쌓아 올린 다리의 반원형 아치가 정겹게 다가온다. 소나무 암향이 코끝까지 퍼져 오고, 발바닥엔 얼음 풀린 흙의 폭신한 감촉이 닿는다. 봄의 시간은 깊은 땅속 아래서부터 시작되는 걸까? 나뭇가지에는 갈라진 껍질 사이로 물오른 속살이 드러난다. 산수유나무에도 노란 기운이 올라오고 있다. 일주문을 통과하자 경내 곳곳 매화나무에 꽃봉오리가 맺혀 있고, 막 움튼 봉오리에선 향긋한 냄새가 스며 나온다. 600살이 훌쩍 넘었다는 선암매의 자태가 멀리서도 당당하다.

매화는 봄에 피는 살구꽃이나 벚꽃과 매우 비슷해 구별이 쉽지 않다. 식물도감에는 꽃받침으로 구별하라는 설명이 있지만,

분명한 차이는 향기일 것이다. 그 맑고 상큼한 '매향'을 어느 꽃과 비교할 수 있을까? 눈이 채 녹기도 전 차가운 대기 속으로 맑은 향을 퍼트리는 매화는 조선 시대에 많은 선비들의 사랑을 받았다. 선비들은 매화의 향기를 수많은 시와 글에 묘사했고, 그 청아한 꽃과 결기 있는 나뭇가지의 모습을 화폭에 담았다. 퇴계 이황은 매화를 각별히 사랑해 매화에 대한 시를 100편 이상 남겼다. 그가 숨을 거두며 마지막으로 남긴 말도 매화나무에 물 주라는 부탁이었을 정도다.

"누렇게 바랜 옛 책 속에서 성현을 대하며
비어 있는 방안에 초연히 앉았노라
매화 핀 창가에서 봄소식을 다시 보니
거문고 마주 앉아 줄 끊겼다 한탄을 말라"

-《매화시첩》에서

조선 시대 문인화의 대표적 화제인 사군자는 매화, 난, 대나무, 국화를 그린 수묵화인데 난의 향기 또한 매향과 비교되며 사랑 받았다. 바위틈 유려하게 뻗어 나오는 가늘고 긴 이파리

들, 그 사이로 순간 그윽하면서도 기품 있는 향이 퍼져 나온다. 조선 시대 많은 문인들이 난의 우아한 모습과 그 향에 대한 글을 서화에 함께 담았는데, 추사의 〈불이선란도〉가 좋은 예다. 세상에 둘이 없다는 뜻의 이 작품에서 난초 잎과 꽃은 서예의 연장이며 독특한 글씨가 그 사이에 조화롭게 자리 잡는다. 조선 말기 흥선 대원군 이하응도 난을 즐겨 그렸는데, 괴석 사이에서 날렵하게 뻗어 나오는 그 모습은 '석파란'이라고 불리며 사랑 받았다. 추사 김정희도 그의 난 그림을 '압록강 동쪽에 이만한 작품이 없다'며 칭송했다.

꽃에서 유래한 여성 이름은 동서고금 할 것 없이 두루 쓰여 왔다. 한국에선 '꽃향기'를 이름으로 흔히 썼고 조선 시대 기녀의 경우 매향, 난향, 죽향 등의 이름이 많았다. 19세기 초 개경 출신 한재락은《녹파잡기錄波雜記》라는 책에서 평양 기생 65인의 용모와 그들의 기예를 정감 있게 설명했는데 여기서도 죽향, 향옥, 묘향, 진향 등의 이름이 등장한다.

"향옥은 봄처럼 향기가 진하다. 일종의 난초와 사향 향기가 절로 사람에게 밀려온다…… 묘향은 꾸민 용모에 맵시가 나고 살짝 흘겨보는 눈이 마음을 유혹한다. 길게 뽑는 노래와 느릿느릿 추는 춤이 남녀의 정을 불러일으킨다…… 진향이 가볍게 살살 빗질하며 금병풍에 비스듬히 기대어 웃음을 머금은 채 가만히 눈길을 보내면 그 고운 모습이 모르는 사이에 사람 마음을 움직인다."

선암사 건물들은 산 너머 송광사에 비해 아담하고, 건물 사이 정원도 여느 가정집처럼 친근하다. 화강암 물확에 떠 있는 꽃잎이 사랑스럽다. 대웅전에 들어서니 격자형 천장의 정교하고 화려한 단청이 일품이다. 그 사이로 튀어나온 용머리 장식이 독특하다. 제단 향로의 불은 꺼져 있지만 이름 모를 나무 향이 남아 있는 듯하다.

한반도에는 4세기경 중국으로부터 불교와 함께 중국의 향 문화가 전파되었다. 1993년 발견된 백제 금동대향로는 당시 화려했던 향 문화를 짐작하게 한다. 귀부인들은 중국에서 수입된 향료를 넣은 주머니(향낭)를 몸에 지니고 다녔고 사향이나 백단향이 선호되었다. 양민들도 향나무 조각을 태워 향을 피웠고 향나무 목재로 가구나 생활도구를 만들었다. 침향은 침향나무에 생긴 상처로부터 분비된 수지가 오랜 세월 나무 속에서 굳어 숙성된 것을 이른다. 불교 제례에서는 최고의 예물로 취급됐고, 한의학에서도 매우 귀중하게 사용한다.

계곡 따라 다시 내려가는 길, 올라올 때 무심코 지나친 진달래꽃이 눈에 들어온다. 숲속 어른거리는 분홍빛을 보고서야 그 마른 가지들이 진달래임을 안다.

카페 페낭

검은 열대림 속 넝쿨들이 엉켜 있고 바나나 나무엔 설익은 열매가 발갛게 매달려 있다. 작은 폭포 근처에는 양치 식물들이 모여 자라고, 이름 모를 하얀 꽃에서 향기가 스며 나온다. 대낮에도 햇빛이 잘 스며들지 않는 말레이시아 페낭의 빽빽한 정글이다. 축축한 대기 속에 흙냄새와 나무 향이 엉켜 있다. 숲을 나와 근처 야외 식당에서 먹는 팟타이(태국식 볶음면)에서는 달큼한 생선 소스 사이 고수와 레몬 향이 피어오른다.

말라카 해협 북쪽에 자리 잡고 있는 페낭은 한때 말라카, 싱가포르와 함께 제국주의 영국의 인도차이나 거점이었다. 그 시절 페낭 섬 항구에서는 동남아의 향신료를 실은 배들이 영국을 향해 출발했고, 주도 조지타운George Town에는 빅토리아 양식의 건물과 시가지가 조성되기 시작했다. 장중한 흰색 건물의 페낭

타운 홀, 그 너머 해변에 구축된 콘월리스 요새Fort Cornwallis가 모두 이 시기 건축물이다. 바다를 향해 서 있는 요새의 대포는 17세기 초 네덜란드에서 만들어졌다. 제작 당시만 해도 말레이 지역에서 가장 큰 대포였는데, 영국이 최종적으로 차지하면서 이곳에 설치됐다. 요새 앞 넓은 광장을 가로질러 종려나무가 늘어선 거리를 지나면 화교풍 건물과 힌두 사원이 어깨를 맞댄 채 나란한 모습을 볼 수 있다.

구시가지 상점가를 지나자 담 너머 푸른 벽이 보인다. 이곳은 19세기 말 화교 상인이자 정치가였던 청펫제Cheong Fatt Tze의 저택이었는데, 외벽이 인디고블루 색상으로 칠해져 '블루 맨션'이라는 별칭으로 흔히 불린다. 중국과 말레이 양식이 절충된 건물의 내부에 들어서면 아르누보 양식의 스테인드글라스와 철제 기둥으로 장식된 중앙 홀이 나온다. 마침 천장이 뚫린 홀에 소나기가 쏟아지고 있었다. 시원한 빗소리와 비릿한 물 냄새, 건물의 고혹적인 미감이 섞여 묘한 감흥을 자아낸다. 은밀한 내부 정원에 들어서자 대나무 차양 너머 푸른 벽 테라스에 중국풍의 붉은 등이 매달려 있는 걸 본다. 이 우아한 저택에서 영화 〈인도차이나Indochine〉(1993)가 촬영됐다. 카트린 드뇌브의 농염한 연기와

강렬한 색조가 어우러진 영상은 동남아시아 정글의 습기와 진한 향까지 그대로 담아내고 있었다.

덥고 습한 오후, 카페에 들어서자 이름 모를 향이 시원하게 풍겨온다. 메뉴를 보니 커피나 차 외에도 레몬그라스, 육두구, 계피 같은 열대 식물과 향신료를 사용한 음료가 여럿이다. 테이블에 오른 내 잔엔 레몬그라스의 긴 줄기가 통째로 들어 있다. 그 시트러스Citrus 향이 시원한 음료에 상쾌함을 더한다. 시트러스는 오렌지, 레몬, 자몽, 베르가모트 등을 포함하는 과일 나무들의 분류명이다. 이 쌉쌀하고 달콤한 과일의 향을 주로 사용한 향수들은 시트러스 계열로 분류되며, 시트러스는 다른 계열 향수들에서도 상큼한 초기 향을 형성한다. 이곳의 음료는 몇 년 전 인도 델리의 한 식당에서 마신 음료를 떠올리게 한다. 민트와 이름 모를 향신료 씨앗이 섞인 이 음료에는 소금이 잔뜩 들어 있었고, 그 톡 쏘는 향과 짠맛은 무더위에 늘어진 내 몸을 단번에 회복시켰다. 우연일까, 다시 나선 거리의 좌판에선 시트로넬라Citronella 연고를 판다. 레몬그라스와 같은 종류의 식물에서 추출한 시트로넬라는 벌레를 쫓는 효과로 잘 알려져 있는데, 피부에 바르니 상큼한 향이 코를 찌른다.

호텔에 돌아와 향수를 꺼냈다. 한 방울 손등에 떨어뜨리자 씁쓸한 베르가모트와 레몬그라스 냄새가 코를 찌른다. 한나절을 배회했던 페낭의 거리, 카페의 냄새도 함께 떠오른다. 향수의 첫 시트러스 향이 사라지자 재스민의 중간 향이 더위에 달아오른 몸을 진정시킨다. 캘빈 클라인에서 25년 전쯤 출시된 이 향수는 여전히 시트러스 계열을 대표하는 향수로 손꼽히며, 무더운 여름 나른한 감각을 깨우고 정돈해 준다. 육두구 음료를 마시는 동안 마음은 더욱 차분해진다. 자두처럼 둥근 육두구 열매를 쪼개면 붉은 껍질이 나타나는데 이것은 메이스Mace라 하고, 안쪽 단단한 황갈색 씨앗은 육두구(넛멕Nutmeg)라 한다. 메이스와 육두구 모두 향신료로 쓰이는데, 영국 사람들은 푸딩과 케이크에 육두구 분말을 넣는다. 코카콜라의 비밀스러운 레시피에도 상당량의 육두구가 포함된다고 한다. 날카롭고 달콤한 향기를 내는 육두구는 많은 양을 섭취하면 독특한 환각 증세가 나타나며 한때 최음제로 사용되기도 했다.

날이 밝는다. 아직 이른 아침인데 온도는 이미 30도에 육박

한다. 싱가포르에서 말레이시아로 넘어가는 국경 초소 반대편에는 싱가포르로 출근하는 말레이시아 노동자들이 줄을 잇는다. 이곳에서 말라카 해협 남단에 위치한 말라카까지는 육로로 3시간가량 소요된다. 차창 밖 싱가포르의 도시 풍광은 어느덧 전원풍으로 바뀐다. 영국이 페낭에 진출하기 300년 전, 포르투갈은 당시 중요한 무역로였던 말라카를 침략했다. 15세기에는 동양의 향신료와 온갖 물품들을 서양으로 운반하려면 반드시 이 지역을 통과해야 했다. 중국과 아랍 상인 등이 교류하며 동서무역이 활발했던 시절에는 이곳에서 60여 개의 언어가 통용되었다고 한다.

말라카 구도심 언덕에는 16세기 포르투갈인들이 건설한 사도 바울 교회Church of Saint Paul의 유적이 있다. 인도차이나에서 가장 오래된 교회였으나, 이제 지붕은 사라지고 이끼 낀 낡은 벽만 남아 긴 세월이 흘렀음을 말해준다. 교회 근처에는 포르투갈인들이 건설한 요새의 유적 일부도 존재한다. 포르투갈의 점령은 오래가지 못했고, 뒤이어 네덜란드와 영국이 차례로 진출했다. 도심 광장으로 내려오면 붉은색 외벽의 그리스도 교회Christ Church Melaka가 보인다. 네덜란드인들이 건설한 이 교회는 최종적으로 말라카를 차지한 영국에 의해 다시 영국 교회로 명명됐다. 네덜란드와 영국은 인도네시아 향료제도Maluku Islands에서만 생산되던 정향과 육두구의 무역을 둘러싸고 치열하게 격돌했다. 1667년에 이르러서야 이 갈등을 마무리하는 협상이 벌어졌는데, 영국은 향료제도에 대한 권리를 양도하는 대신 네덜란드가 차지하고 있던 미국 동해안의 맨해튼 섬을 건네받았고 이후 네덜란드는 동남아시아의 향신료 무역을 독점하면서 전성기를 맞았다. 그러나 오래지 않아 역전될 양국의 운명을 짐작이나 했을까? 사도 바울 교회와 그리스도 교회, 말라카 구도심의 두 교회가 복잡했던 15~16세기의 근대사를 말해준다.

시내를 가로지르는 말라카강을 따라 걷는다. 화교들이 지어 올린 독특한 건축물이 나란히 붙어 있다. 검은색 목재와 금박으로 장식된 현관을 지나 내부에 들어서면 천장이 뚫린 내부 정원에 아담한 연못이 있다. 고요하고 우아하다. 말라카의 화교 대부분은 무역에 종사하며 창고와 상점, 주거 공간이 함께 있는 건물을 지었다. 옆 골목으로 넘어가면 중국 사찰의 화려한 기와지붕을 맞닥뜨린다. 그 위로 붉은 등이 요란스레 매달려 있다. 15세기 이래 중국 남부 출신 노동자들이 대거 말레이 반도와 인도네

시아에 진출했는데, 이들이 현지인과 결혼하고 대를 이으면서 독특한 융합 문화가 형성되었다. 페라나칸Peranakan이라 불리는 이 문화는 언어, 복장, 음식 등의 풍속과 건축 양식에 남아 있다. 독특한 건물 하나가 눈에 띄어 다가가니 18세기에 건설된 모스크라는 설명이 쓰여 있다. 힌두, 이슬람 등의 건축 양식이 혼재한다는 문장도 함께. 그러고 보니 모스크의 첨탑은 중국 사원의 벽돌 탑을 연상시킨다. 과연 오랜 융합의 역사다.

오후 들어 날씨는 더욱 더워지고 강 쪽에서 습기가 밀려온다. 테라스가 널찍한 카페에 들러 다시 육두구 음료를 주문한다. 향긋한 육두구와 계피 향에 땀을 식히며 거리를 돌아본다. 500년 전 이곳을 활보하던 사람들의 모습이 그려진다.

구룡반도와 오향

오향 냄새가 퍼지는 거리에 붉은색 한자 간판이 하나둘 나타나고 식당 창문 너머엔 구운 오리가 걸려 있다. 당신은 차이나타운에 들어선 것이다. 세계 어느 곳의 차이나타운을 가더라도 마주치는 냄새가 있는데, 그건 바로 알싸하고 달짝지근한 오향의 냄새다. 팔각, 회향, 정향, 계피, 그리고 산초의 분말을 섞은 오향은 중국 요리의 주재료다. 메뉴에 따라 이 향신료들의 혼합 비율은 조금씩 달라진다.

한국의 차이나타운은 19세기 말, 인천항에 처음 형성되었다. 청나라 조계지가 인천항에 들어서면서부터 산동반도 지역 사람들의 이주가 시작됐고, 한때 1만여 명에 가까운 화교들이 이곳에 정착해 무역과 요식업을 이어갔다. 국민음식 짜장면도 이 시기 탄생했다. 을지로와 남대문 등지의 서울 구시가지에도 화교들이 운영하는 식당들이 생겨나기 시작했다. 젊은 시절 즐겨 찾았던 회현동의 한 중국집에서는 주메뉴를 오향장육으로 내걸었지만, 주방장 아저씨는 오향으로 조리한 닭발 요리를 더 자랑스러워했다. 그의 닭발 요리는 오향이 배어 있어 풍미가 좋고 쫄깃하기가 남달랐다. 그걸 정신 없이 먹고 있노라면 한 접시가 덤으로 주어지곤 했다.

홍콩 섬을 마주 보는 구룡반도는 길거리 음식을 파는 노점상과 최고급 레스토랑, 가짜 명품을 취급하는 거리 좌판과 초대형 쇼핑몰, 수용소 수준의 숙소와 최고급 글로벌 브랜드 호텔이 공존하는 진짜배기 '차이나타운'이다. 거리에는 모터사이클, 자동차, 이층버스가 들어차 있고, 그 사이에 수많은 인파가 얽혀 있다. 빨간색 한자 간판과 울긋불긋한 등이 매달려 있는 식당에선 오향과 고기 굽는 냄새가 흘러나오고, 뒷골목으로 들어서면 전날 취객이 남긴 오물과 음식 쓰레기의 고약한 냄새가 진동한다.

구룡반도 한가운데 몽콕Mongkok이라는 지역이 있다. 좁은 거리 사이로 야시장과 식당들이 끝없이 이어지는, 세계 최고

인구 밀집 지역이다. 관광객이 들끓는 홍콩 섬이나 침사추이의 대형 쇼핑몰에 비하면 현지인들도 제법 즐겨 찾는 곳이다. 여성용품 시장, 전자용품 시장, 꽃 시장, 애완용 새와 열대어 파는 시장까지 다양한 가게들이 몰려 있어 생활감이 물씬 느껴진다. 시장 골목 수레에는 어묵을 필두로 다양한 길거리 음식들이 구수한 냄새를 풍기고, 시선이 닿는 곳마다 식당 간판이 보인다.

유명하다는 한 딤섬 식당에 한참을 기다려 들어갔다. 꽉 찬 테이블 너머로 주방을 보니 딤섬을 담아 쪄내는 대나무 통들

이 쌓여 있고 그 사이로 뭉게뭉게 김이 오른다. 여러 가지 딤섬이 빽빽이 나열된 메뉴에서 샤오마이와 닭발찜, 그리고 차오펀(볶음 쌀국수)을 골랐다. 샤오마이를 입에 넣자 돼지고기 육즙이 터져 나오는 가운데 탱탱한 새우살이 씹힌다. 과연 홍콩의 딤섬이다.

홍콩은 1842년 청나라가 아편전쟁에서 패하면서 영국에 양도한 홍콩 섬과 구룡반도 그리고 국경까지 이어지는 나머지 지역으로 이루어져 있다. 영국은 이곳에 서양 법과 제도, 자본주의를 정착시켰다. 중국의 거대한 인구와 서양의 자본이 연결되는 중계무역과 금융, 산업 생산에 힘입어 홍콩은 1960~70년대 폭발적으로 성장했다. 동양의 이국적 문화가 여전하지만 효율적 자본주의가 작동하는 이곳에 전 세계 주요 기업들이 진출했다.

홍콩은 세계에서 두 번째로 억만장자가 많은 도시이며, 인구당 롤스로이스 보유는 세계 1위다. 개인 소득도 세계 최고 수준인 이곳은 빈부 격차 또한 매우 높다. 홍콩 섬 바다를 내려다보는 언덕에는 초호화 저택들이 모여 있지만 구룡반도의 서민 지역에는 좁은 아파트에 여러 가족이 모여 사는 곳도 있다.

돈과 사람을 따라 동서양이 어우러진 음식과 유흥 문화도 발전했다. 길거리 음식부터 최고급 식당까지 홍콩의 미식 문화는 그 질과 다양성에서 자타가 인정하는 세계 최고다. 이런 홍콩의 모습을 왕가위 감독은 영화 〈화양연화〉(2000)에서 유려한 영상과 감각적 음악으로 그려냈다. 비가 쏟아지는 거리, 국숫집 창틀 너머 뽀얗게 피어오르는 연기, 거실에 모여 마작하는 사람들, 붉은 커튼이 날리는 호텔 복도와 치파오 차림의 여자가 걸어가는 뒷모습, 어두운 골목 벽 한편에 기대어 담배를 피우는 남자의 쓸쓸한 옆얼굴. 영화는 1960년대 홍콩의 가장 내밀하고 아름다운 풍경을 정교하게 이어 붙인다. 제목인 '화양연화'는 '꽃같이 아름답던 시절'을 뜻하고, 영화의 마지막은 이런 문장으로 끝을 맺는다.

"먼지 낀 창틀로 모든 것이 희미하게만 보였다.
만약 용기를 내 그 창문을 깨트린다면 오래전 그 시절로
돌아갈 수 있을까?"

구룡반도 남쪽 침사추이 중심가는 쇼핑백을 든 관광객들

假日
時鐘酒店
金多寶
卡拉OK
夜總會
End
RD 8479
COASTER

金多寶
卡拉OK夜總會
飛記
Wing's Cafe
咖啡
金麗宮
卡拉OK夜總會
TAXI
FD
7818

로 붐빈다. 그 사이를 비집고 페닌슐라 호텔이 우뚝 서 있다. 빅토리아 항구를 굽어볼 수 있는 가장 '전망 좋은 방'이 바로 이곳이다. 예나 지금이나 이곳에선 화려한 콘서트와 댄스 파티가 열리고 각계 명사들이 드나들며 홍콩 사교계의 호사스러운 풍경을 자아낸다. 1928년 '수에즈 동쪽 최고의 호텔'이라는 슬로건 아래 개장한 이곳은 구룡반도의 가장 유서 깊은 호텔 중 하나다. 제2차 세계대전 초기 홍콩을 점령한 일본군 수뇌부에게 영국 총독이 이 호텔에서 항복을 선언하기도 했다. 페닌슐라 호텔의 휘황한 로비에서는 지금도 매일 오후 영국 전통 양식으로 섬세하게 구성한 애프터눈 티를 낸다.

초록색 스타 페리가 빅토리아 항구를 막 떠나고 있다. 19세기 말 운항을 시작한 이 페리는 구룡반도와 홍콩 섬을 연결하는 세계 최초의 대중교통 증기선이었다. 바다 건너 홍콩 섬의 높은 빌딩이 한낮의 태양 아래 반짝거린다. 홍콩은 150m 이상의 고층 빌딩이 세계에서 가장 많은 도시다. 세계적 건축가들이 설계한 건물들 중에서도 중국은행 빌딩의 대담한 대각선 철골이 눈에 띈다. 중국 자본의 홍콩 진출을 상징하는 이 건물은 1989년 완공 당시 아시아 최고 높이를 자랑했다. 인근 홍콩

상하이 은행 건물의 지붕에는 대포가 설치되어 있는데 중국은행의 기세를 제압하기 위함이라는 소문이다.

1997년 홍콩은 중국에 반환됐다. 1980년대 등소평이 일국양제를 내세우며 홍콩의 정치·경제적 자유를 보장했지만, 최근 계속되는 정치적 갈등과 민주화 시위는 불투명한 홍콩의 미래를 보여준다.

동파육

홍콩 첵랍콕 국제공항을 이륙한 비행기는 3시간 만에 인천 앞 서해 상공에 접근한다. 안개로 희미한 바다에 작은 섬들이 그림같이 떠 있다. 이내 활주로에 부딪치는 둔탁한 충격. 여행지에 도착할 때보다 마음은 차분하다. 사람들이 부산히 떠난 기내 좌석에는 구겨진 담요와 잡지가 여기저기 흩어져 있다.

집으로 가는 길, 인천대교 아래 넓은 갯벌은 온통 붉은색이다. 칠면초라는 작은 식물들이 이룬 거대한 붉은 융단은 멀리 아득한 바다까지 이어진다. 이 놀라운 풍경 앞에서 문득 영화 〈붉은 수수밭〉을 떠올린다. 중국 산동성의 광활한 수수밭을 배경으로 전개되는 이 시대극은 시종 붉은색으로 이야기하고 있었다. 결혼식의 붉은 가마, 붉은 고량주와 피, 그리고 마지막 붉은 하늘.

주말 오후에 홍콩 여행을 회상하다 부엌에 내려가 요리책을 뒤진다. 아직 그곳의 오향 냄새가 머릿속에 남아 있나 보다. 동파육은 11세기 중국의 대문호 소동파에 얽힌 일화에서 유래한 돼지고기 요리다. 무쇠냄비 속 자글자글 끓는 간장에 생강을 넣으니 톡 쏘는 향이 퍼진다. 생강과 마늘 향이 돼지고기의 잡내를 잡아 줄 것이다. 스리랑카산 계피를 넣자 달콤한 냄새가 올라온다. 살짝 익힌 돼지고기를 팔각과 함께 냄비에 넣는다. 알싸하고 달큼한 향이 특징인 팔각은 붓순나무의 열매를 말린 것으로, 별과 같은 생김새로부터 그 이름이 붙여졌다. 중국에서는 육류와 가금류 조리에 빠지지 않는 향신료이자 널리 사용되는 오향의 주성분이다.

이제 통후추와 월계수 잎을 뿌린다. 꽃향기 나는 월계수 잎은 고기 요리와 훠궈에 두루 사용된다. 마지막으로 대파를 고기 사이에 끼워 넣은 뒤 뚜껑을 닫는다. 이윽고 냄새가 퍼진다. 오래된 한약방 탕기 속에서 약이 되어가는 약재들처럼, 온 집안에 향내가 가득하다. 중국요리의 오랜 전통은 음식과 약의 근원이 같다는 소위 '약식동원藥食同源'의 믿음에서 출발했다. 이에 따라 중국인들은 사람의 체질과 음식 재료들을 분류하고

그들을 조화시켜 방대한 요리와 그 체계를 만들었다. 이는 한의학의 주요 부분이기도 하다.

음식을 조리하고 먹는 동안 우리는 냄새를 맡고 맛을 본다. 음식의 맛이 주로 미각과 후각에 의지하기 때문이다. 우리 혀 표면에는 수천 개의 작은 미뢰Taste Bud가 있는데 이곳에 주요 미각 즉 단맛, 짠맛, 쓴맛, 신맛, 감칠맛의 미각 수용체가 자리한다. 침에 녹은 음식물이 이 수용체들을 자극하면 연결된 신경망으로 뇌까지 미각 자극이 전달되고, 뇌는 이 자극의 조합에 기반해 전반적인 맛을 판단한다. 그러나 최종적인 맛의 감각은 미각과 동시에 전달된 후각 자극이 통합될 때 이뤄진다. 코 점막의 후각세포에는 최소 300여 종의 후각 수용체가 있는데, 이로부터 뇌에 전달된 자극들이 미각 자극과 통합되며 맛에 대한 총체적 감각을 형성하는 것이다. 미각에 비해 후각의 종류가 훨씬 다양하므로, 맛을 결정하고 판단 내리는 과정에는 후각이 조금 더 복잡한 역할을 한다고 여겨진다. 심한 감기나 몸살로 냄새를 잘 맡지 못할 때 음식 맛이 둔해지고 식욕이 떨어지는 이유다. 음식의 색상과 온도, 씹히는 질감 또한 음식의 느낌에 기여한다.

미각과 후각의 느낌을 청각과 연관지어 표현한 이도 있다. 19세기 프랑스 작가 위스망스다. 그는 리큐르Liqueur(증류 알코올에 과일 향, 허브, 또는 향신료를 섞은 향주)의 맛과 향을 오케스트라의 악기들과 연결한다. 소설《거꾸로》의 주인공 데 제생트의 입을 빌린 그는 이렇게 말한다. "쌉쌀한 오렌지 큐라소는 좀 날카로우면서 부드러운 음색을 지닌 클라리넷과 일치했고, 쿠멜(회향)은 음색이 콧소리를 내는 오보에, 박하와 아니제트(아니스 향)는 설탕을 많이 넣은 동시에 후추도 많이 넣은, 삐악거리는 소리를 내면서도 부드러운 플루트와 일치했다." 기발한 상상력에 감탄할 수밖에 없다.

동파육 한 점을 입에 넣으니 부드럽고 고소한 돼지고기 맛, 팔각과 계피의 알싸하고 달콤한 향이 조화를 이룬다. 그 사이 톡 쏘는 후추 향이 스친다. 차를 마시고 이야기를 나누며 느긋한 식사 시간을 보낸다. 소동파는 젊은 나이에 과거에 합격해 문재를 떨쳤지만 당쟁에 휘말려 오랜 유배 생활을 해야 했다. 그러나 긴 유배 생활 속 주옥같은 글과 시를 남겼고 오늘날도

북송 시대를 대표하는 문인으로 꼽힌다. 그림에도 뛰어나 그가 남긴 〈목석도〉는 2018년 홍콩 크리스티 경매에서 670억 원에 낙찰돼 화제가 되기도 했다는데, 그저 그의 시 한 편이 떠오르는 푸른 저녁이다.

> "거문고에 소리가 있다면
> 갑 안에 두었을 때는 왜 울리지 않는가?
> 거문고 소리가 손끝에 있는 것이라면
> 어찌 그대 손끝에서 소리가 들리지 아니한가?"

-서동파, 〈금시琴時〉

그린 파파야 향기

석회암 봉우리들이 군락을 이룬 사이로 물 가득 찬 논이 지평선까지 이어진다. 쪽배가 지나가는 수로는 논과 이어져 사방이 물이다. 논인지, 강인지, 어쩌면 바다인지도 모르겠다. 노를 젓는 여인은 말은 통하지 않지만 따뜻한 미소를 짓는다. 이곳은 하노이에서 육로로 2시간쯤 떨어져 있는 작은 마을 닌빈Ninh Binh이다. 북쪽 하롱 베이Ha Long Bay에 비해 덜 알려져 있지만, 자연과 논을 낀 마을이 함께 어우러지며 베트남 농촌 풍광의 백미를 보여준다. 수묵화 속에 있는 듯 시간이 흘러간다.

오후 늦게 돌아온 하노이의 거리는 수많은 모터사이클의 물결이다. 신호등이 바뀌자 물결이 출렁이고 엔진 소리가 맹렬해진다. 거리 한쪽에는 인력거가 느릿하게 지나가고, 좌판에서는 사람들이 쌀국수를 먹고 있다. 그 사이를 아오자이 입은 여

인들이 맵시 있게 지나간다. 축축한 공기 속에는 여러 냄새들이 교차한다. 좌판의 음식 냄새, 과일 냄새, 거리에 늘어선 카페에서 스며 나오는 강한 로부스타 커피 향 같은 것들.

하노이는 중세 이후 베트남 왕조의 수도이자 19세기 말 프랑스령 인도차이나의 수도였다. 제2차 세계대전 직후의 혼란 속에서 호찌민Ho Chi Minh, 1890~1969이 이끄는 베트남 독립 세력은 프랑스와의 전쟁에서 승리하며 하노이를 중심으로 북베트남 정부를 수립했다. 20년 가까이 이어진 베트남 전쟁에서 승리한 북베트남은 1976년 통일 베트남 정부를 수립했다. 그 이래로 하노이는 확고부동한 수도가 되었다. 20세기 들어 프랑스와 미국을 상대로 한 전쟁에서 모두 승리한 호찌민은 베트남뿐 아니라 서방세계에서도 경외의 대상이 됐다.

넓은 광장에 거대한 호찌민 영묘가 보인다. 육중한 기둥이 받치고 있는 신전 같은 모습 옆으로 붉은 베트남 국기가 휘날린다. 베트남 전쟁 말기에 사망한 호찌민은 화장과 함께 간소한 장례를 원했지만 받아들여지지 않았다. 호찌민은 1945년 베트남의 독립을 선포했고, 그의 영묘가 있는 바딘 광장Ba Dinh

Square은 국가적 성소다. 영묘에는 여전히 참배객들이 줄을 잇고 안내하는 청년의 얼굴에는 그를 향한 존경과 함께 자부심이 느껴진다.

홍강 하류 삼각주에 위치한 하노이에는 여러 호수가 모여 있다. 도시 중심부에는 특히 아름다운 호안 끼엠 호수Hoan Kiem Lake가 자리 잡고 있다. 호수 한가운데 섬에는 거북의 전설이 어린 돌탑이 보인다. 자욱한 안개 속 모습이 마치 호수 위에 떠 있는 듯하다. 발코니의 우아한 아치에는 이끼가 잔뜩 끼어 있다. 호수 주변으로 구시가지가 펼쳐진다. 전쟁 중 대부분 파괴된 호찌민 시티(구 사이공)에 비해 오래된 궁전, 성당과 오페

라 하우스 등 19세기 프랑스풍 근대 건축물들이 많이 남아 있다. 훗훗한 공기 속에 향 냄새가 스며 나오는 골목에는 비단 가게, 전통 목공예 상점들이 이어진다. 좌판에는 망고, 파인애플 등 열대 과일들이 쌓여 있다. 쌀과 비단은 베트남의 주요 생산품이었고, 지금도 베트남 전역의 마을에서 수작업으로 짜고 염색한 비단은 우아한 베트남 전통 의상의 실루엣을 완성한다.

저녁엔 도시 외곽에 자리한 전통 식당을 찾았다. 프랑스 식민지 시절의 맨션을 개조한 식당 건물은 남프랑스 양식에 동남아식 테라스와 차양이 더해져 독특한 정취를 자아낸다. 정원에는 바나나 나무 아래 열대 꽃들이 흐드러지게 피었고, 한편에는 석조 불상이 미소를 띤 채 조용히 서 있다. 베트남 토속 요리와 식재료에 중국 남부와 프랑스의 영향이 더해진 하노이 고유의 음식 문화는 화려하고 이채롭다. 시원한 수박 주스를 마시는 가운데 첫 음식이 테이블에 오른다. 그린 파파야 샐러드다. 사각사각한 파파야 생채를 씹으니 상큼한 오이 향이 입안에 퍼진다. 1993년 영화 〈그린 파파야 향기〉는 1950년대 한 베트남 소녀의 성장기를 파파야를 통해 상징적으로 그려낸다. 마지막까지 여주인공의 대사가 열 문장이 채 안 되는 이 영화는 시종 이어지는 벌레 소리와 새 소리의 변화, 피아노와 현의 소리로 이야기를 전달한다. 기억에 남는 장면 하나. 드뷔시의 피아노 선율이 흐르는 가운데 주인공이 그린 파파야를 물에 씻는다. 초록색 껍질을 벗기자 드러나는 하얀 속살, 이어 채칼로 속살을 긁는 소리. 파파야를 반으로 갈랐을 땐 속을 꽉 채운 씨앗이 탐스럽게 드러난다. 여인의 체취와 파파야의 향기가 그대로 느껴지는 대목이다. 영화는 시각 이미지와 소리만으로도 향기를 표현할 수 있음을 잘 보여준다. 이 데뷔작으로 주목받은 트란 안 홍Tran Anh Hung 감독은 연작 〈씨클로 cyclo〉로 베니스 영화제 최고상을 받았다.

음식은 메기 조림과 돼지고기 구이로 이어졌다. 간장과 달달한 생선 소스 그리고 고수, 실파, 고추를 비롯한 각종 향초, 라임 등이 조화를 이룬다. 쌀밥에는 달큼한 코코넛 향이 배어 있다. 식사 후 마신 재스민 차의 여운이 남은 채 식당 테라스에서 있다. 어두워지는 정원에선 벌레 소리가 요란하다. 영화 마지막 장면, 글을 깨우친 여주인공이 떠듬떠듬 읽어가는 시구절이 떠오른다.

"바위틈에 고인 물은 봄을 예고하는 듯 잔잔한 바람에도 살랑댄다.
힘찬 대지의 고동은 강한 파동을 낳고 그들의 부딪힘은 더 큰 파문을 낳지만 그것도 생명을 위한 준비. 조화로운 움직임을 나타내는 동사가 있다면 바로 이것이리라.
그늘에 우뚝 선 버찌나무는 가지를 힘차게 뻗어내고 물의 리듬에 맞춰 가지의 굴곡을 정한다. 하지만 재미있는 것은 아무리 변화가 심하다 해도 버찌나무의 모습은 변하지 않는 것이다."

카레와 마살라

거대한 승리의 문이 한낮 태양을 등지고 바닷가에 서 있다. 압도적이다. 인도 관문Gate of India은 20세기 초 인도를 처음 방문한 영국 왕 조지 5세를 환영하기 위해 당시 봄베이 항구에 세워진 석조 건축물이다. 봄베이Bombay는 거대한 인도 땅을 통치하던 영국 식민정부의 본산이었고, 1995년 뭄바이Mumbai로 이름을 바꾼 이래 인도를 넘어 21세기 세계 경제의 중심지로 부상하고 있다. 푸네Pune는 이곳 뭄바이로부터 149km 내륙에 위치한 교육문화 도시다. 항구 도시 뭄바이에서 고도 560m에 위치한 푸네로 가는 길은 오르막의 연속이고 계곡을 따라 절경이 펼쳐진다. 어느덧 광활한 사탕수수밭이 펼쳐지며 푸네에 접근한다.

17세기 기울어져 가던 무굴 제국에 이어 인도의 중원을 지

배했던 마라타 제국Maratha Empire, 1674~1818은 데칸 고원의 중심 도시 푸네를 수도로 삼았다. 토착 힌두 세력이 이룩한 왕조였고 19세기 영국 식민 세력에 끝까지 저항한 역사 때문인지 푸네는 여전히 힌두 민족주의의 주요 본거지로 여겨진다. 실제로 많은 힌두 지도자들이 이곳 출신이다. 마라타 군대와 치열한 전쟁을 치렀던 영국 식민 당국은 그들의 전략과 용맹함에 대해 많은 기록을 남겼다.

푸네 시내를 내려다보는 파르바티 언덕Parvati Hill에는 마라타 제국 시절의 궁전과 사원이 남아 있다. 언덕에 오르자 낡은 성벽 너머로 힌두 사원의 원추형 지붕이 보인다. 라자스탄이나 인도 남부의 석조 사원에 비하면 정교함은 떨어지지만 오후 태양 아래 고적한 느낌을 준다. 우아한 목제 발코니가 돋보이는 궁전 건물은 이제 박물관이 됐다. 마라타 제국 시절의 오래된 지도, 공예품, 철제 무기 등이 이곳에 모여 있다. 섬세한 은 세공품과 인도 세밀화의 전통을 이어받은 초상화들이 각별히 인상적이다.

영국 식민지 시절에도 푸네는 봄베이 정부Bombay Presidency가 관할하는 중부 지역의 주요 도시였다. 근대적인 의료시설과 교육기관이 이곳에 모여 있는 이유다. 인도 독립운동도 봄베이와 푸네를 중심으로 이어졌다. 푸네 시내에는 마하트마 간디의 발자취가 남아 있는 아가 칸 궁전Aga Khan Palace이 있다. 1942년 봄베이에서 독립운동을 주도한 간디는 이곳에 2년간 구금됐는데, 같이 구금된 그의 아내는 끝내 여기서 사망했다.

거리에서부터 궁전의 화려한 첨탑이 눈에 들어온다. 정문을 지나 꽃들이 만발한 정원을 지나면 정교한 아치와 테라스가 아름다운 백색 궁전이 나타난다. 궁전 안 넓은 홀에는 간디의 생애에 대한 기록과 사진들이 전시되어 있고 한편에는 그가 입었던 옷과 개인 용품들도 놓여 있다. 그에 대한 후대의 평가는 다양하지만 인도의 여러 종교, 현실 정치와 이상을 넘어 인도 독립에 쏟았던 그의 헌신은 부정하기 어렵다. 보리수가 우거진 정원으로 나가면 한편에 간디의 유골을 보관한 석제 함이 있는데 생전 그의 행적처럼 주변은 소박하다. 여전히 많은 참배객들이 방문하는 이곳은 인도의 국가적 성지로 여겨진다. 그에 비해 궁전 앞 거리는 현대적 쇼핑몰과 전통 시장이 얽혀 있다. 그 속에선 억양과 음조가 다른 언어가 뒤섞여 들린다. 인도에는 22개 공용어가 있으며 이곳 거리에선 중북부에서 널리 사용되는 힌디어 대신 마라티어Marathi가 통용된다. 다른 언어에 비해 좀 더 부드럽고 정겨운 억양이다.

거리의 식당에 들어선다. 흥겨운 발리우드풍의 음악이 흘러나오고 마살라 향이 코를 찌른다. 마살라는 인도 음식에 쓰이는 여러 향신료 가루를 섞은 것으로, 음식과 지역에 따라 다양한 종류가 있다. 예를 들면 북부 지역에서 널리 사용되는 가람 마살라는 코리앤더, 쿠민, 후추, 정향, 계피, 카르다몸 등의 혼합이고 고기 구이에 쓰이는 탄두리 마살라는 코리앤더, 쿠민, 후추, 정향, 생강, 마늘, 계피, 고추 등을 섞는 식이다. 우리가 카레라고 부르는 인도 음식은 마살라를 사용한 소스와 닭, 양, 염소 고기 또는 해산물 등의 식재료를 사용한다. 재료와 지역에 따라 수백 종류가 있으며, 남부 지역에서는 생선이나 채소를 주로 사용하고 북부로 갈수록 육류와 견과류를 사용한다. 사실 인도에 카레라는 음식 자체는 없는데, 18세기 영국인들이 인도 음식에 사용되는 여러 향신료 가루를 섞어 '카레curry'라는 이름으로 소개했고 이를 사용한 음식 카레는 인도 음식의 총칭이 되어버렸다. 육류 요리와 잘 어울리는 카레는 영국에서 급속히 인기를 얻었고 '치킨 티카 마살라Chicken Tikka Masala'는 '국민음식'이 되었다. 비슷한 시기, 카레는 일본 해군의 음식으로 채택됐다. 군인들에게 인기를 얻자 대중에도 소개되어 일본인들이 좋아하는 음식으로 정착됐고, 그것이 우리나라에도 전파됐다. 20세기 들어 카레는 전 세계에 확산되어 각 지역에 따라 변형됐다. 이제는 국제적 퓨전 요리를 대표하는 메뉴가 되었다.

인도 가정식 탈리Thali를 주문했다. 닭, 염소, 채소 탈리 세 종류다. 철제 식판에 카레, 밥, 차파티(난과 비슷한 빵), 채소 피클, 요구르트가 푸짐하게 얹어져 나온다. 다양한 향신료가 뿜어내는 맛과 향에 감각이 꿈틀대기 시작한다. 언젠가 인도항공 기내식으로 나와 맛봤던 독특한 피클이 생각난다. 채소 카레에 딸려 나온 이 피클은 생선 젓갈의 비린내에다 쓰고 짠맛이 강렬했는데, 처음에는 질색했지만 이내 호기심에 몇 조각을 더 먹었다. 열대 지방 음식의 향신료들은 무더운 기후 속 신체 기능을 적절히 유지하고 강한 냄새는 여러 해충을 쫓는다고 알려져 있다.

인도 독립 후에도 푸네는 경제 중심지 뭄바이와 연계되어 경제, 교육 및 보건 분야가 균형 있게 발전했다. 덕분에 인도

에서 가장 살기 좋은 도시로 손꼽힌다. 한편 힌두 문화와 교육의 전통이 깊은 푸네에는 이슬람, 불교와 함께 다른 종교들의 자취도 남아 있다. 푸네 남부에 자리 잡은 '오헬 데이비드 시너고그Ohel David Synogogue'가 그 예다. 조용한 사원을 지키는 관리인은 경계 어린 눈초리로 우리 일행을 맞았다. 붉은 벽돌의 사원 건물은 하얀 격자무늬 창이 우아하고, 아치형 창문이 있는 시계탑과 조화를 이룬다. 내부에 들어서 제단으로 향하면 스테인드글라스 창문 아래 유대교의 상징인 다윗의 별과 메노라Menorah(일곱 개 촛대)가 있다. 이 유대교 사원은 19세기 초 바그다드에서 뭄바이로 이주한 유대인 데이비드 사순David Sassoon, 1792~1864이 건설했고 그의 무덤이 있는 곳이다. 사순은 뭄바이에서 영국의 동양 무역에 종사해 거부가 되었고, 뭄바이와 푸네에 유대 사원과 병원을 비롯한 많은 공공 시설을 세웠다. 한때 뭄바이 경제를 주도했던 유대인들은 이스라엘이 건국되며 대부분 돌아갔고 푸네에 남은 200명 정도의 유대인들이 이 사원을 찾는다는 관리인의 설명이다. 야곱이라는 이름의 관리인도 푸네에서 출생했는데 피부는 검지만 유대인의 얼굴 윤곽이 뚜렷하다. 유대인들은 고대 시절부터 인도에 이주했고 유럽과

는 달리 반유대적 충돌 없이 인도 사회에 정착해 독특한 융합 문화를 이루었다. 특히 인도 남서부 케랄라Kerala 지역에는 고대 이스라엘 왕국 시절부터 유대인들이 이주해 향신료 무역에 종사했고, 근대 들어 봄베이에는 다양한 집단의 유대인들이 정착해 이 도시의 경제적 번영에 동참했다. 발리우드라고 불리는 인도의 거대한 영화 산업에서도 유대인들이 제작자와 배우로 활동했다.

마당 한편 사순의 묘지를 찾았다. 뾰족한 지붕의 영묘는 들어가지 못하도록 입구를 막아놨고, 창문 틈으로 보이는 대리석관 위에 오후의 햇살이 떨어진다. 고대 유대 왕국을 침략한 바빌론 네부카드네자르 왕 Nebuchadnezzar II, 재위 B.C. 605~B.C. 562에게 끌려간 유대인들은 이후 바그다드에서 번성했다. 그 후손인 사순이 다시 뭄바이로 이주해 일가를 이뤘다. 사순과 그의 후손은 이후 싱가포르와 홍콩 경제에도 손을 뻗었고, 일부는 영국으로 이주해 귀족이 되었다. 먼 옛날 고향에서 쫓겨나 2000년 넘게 세계 곳곳에서 명맥을 잇고 부를 축적한 유대인들의 원동력은 무엇일까, 깊이 생각하게 된다.

두리안

구름 한 점 없는 하늘, 태양의 열기는 뜨거운 정도를 넘어 피부를 파고드는 듯하다. 눈을 뜰 수 없다. 인도 뭄바이에서 스리랑카로 향하는 길, 첸나이 공항에서 비행기 기다리는 시간에 시내로 나왔다. 점심을 먹으려고 들른 시장 골목엔 매콤한 카레 냄새가 코를 찌를 듯 퍼져 있다. 첸나이를 둘러싼 인도 동남해안 타밀나두Tamil Nadu 지역은 기원전부터 이곳에 거주하던 드라비다인들의 오랜 문화를 간직한 곳이다. 이 지역 고유의 타밀 언어와 문자는 남인도와 스리랑카에 걸쳐 널리 사용된다. 이곳은 또한 보수 강경 힌두 문화의 중심지로, 사람들은 소고기뿐만 아니라 육식 자체를 멀리해 식당 메뉴에는 대부분 채식 요리만 보인다. 내가 먹은 것은 채소 비리야니Biryani(인도식 볶음밥)였는데, 그 매콤한 향에 속이 얼얼하다. 같이 나온 샐러드에 든 상큼한 양파와 라임, 그리고 요구르트로 속을 가라앉히고 시장 옆 힌두사원으로 향한다. 시장 거리 꽃집의 향은 카레만큼이나 강렬하다.

사원 앞 화려한 고푸람Gopuram(사원 입구의 높은 탑)이 보인다. 고푸람 위에는 무수한 신과 사람들, 꽃과 나무가 새겨져 있는데 그 높다란 지붕이 하나의 소우주를 이루는 듯하다. 신발을 벗어야 입장할 수 있는 입구에 다다른다. 오후 햇빛에 달궈진 뜨거운 돌바닥은 맨발로 디딜 수가 없는데, 흰 치마만 걸친 사제들이 태연하게 그 위를 어슬렁거린다.

첸나이를 비롯한 남인도 지역은 일찍부터 동남아시아나 아프리카와의 해상 교역이 활발했으며 기독교 초기 예수의 제자 도마Thomas가 활동한 곳으로 알려져 있다. 첸나이 해변에 자리한 성 토마스 성당St. Thomas Cathedral Basilica 입구에는 성모 마리아상이 아름다운 꽃들에 둘러싸여 있다. 성당으로 들어서자 한 흑인 사제가 기도하는 모습을 마주친다. 내부는 소박한 목재 구조이지만, 대리석과 금박이 찬란한 유럽 성당에 비할 수 없는 초기 기독교의 정숙함이 느껴진다. 이 성당 지하는 도마의 유해가 보존되어 있는 성지이며 전 세계에서 예수 제자의 유해를 간직한 것으로 여겨지는 세 곳 중 하나다. 다양한 인종의 참배객들이 줄을 잇는다.

다시 첸나이 공항이다. 매점에서는 사탕수수를 쌓아 놓고 그 자리에서 즙을 짜서 파는데 달콤한 맛에 향기로운 풀냄새가 섞여 있다. 해협을 넘으면 바로 스리랑카 섬이고 비행시간은 불과 1시간 반이다. 스리랑카는 섬 전체에 야자나무 숲과 차 밭이 펼쳐지고 그 사이를 열대 꽃들이 수놓은 아름다운 정원이다. 고대부터 육두구와 계피를 비롯한 여러 가지 향신료도 재배됐는데, 이 향기에 얽힌 신비한 전설들은 서양인들을 매료시켰다. 동아시아와 인도, 그리고 아프리카 북부를 연결하는 해상 실크로드의 중간 거점이기도 한 이 섬에 포르투갈, 네덜란드, 영국이 차례로 진출하기도 했다. 1948년 독립 이래 대다수인 싱할라Sinhalese족과 인도의 지원을 받는 타밀족 간의 갈등이 있었는데 이로 인한 긴 내전이 2000년대 초에야 종식됐다.

스리랑카 중부에 있는 바위 요새 시기리야Sigiriya를 향하는 길, 울창한 야자나무 숲을 지나친다. 그러다 갑자기 버스가 멈췄는데, 야생 코끼리들이 도로를 가로지르고 있어서였다. 아기

코끼리는 어미에게 바짝 붙어 총총걸음이다. 작은 섬나라지만 스리랑카는 아시아에서 가장 다양한 생태계를 가지고 있다. 숲을 벗어나 평야지대에 이르자 멀리 거대한 바위산이 보인다. 5세기경 모리야 왕조의 왕위 계승을 둘러싼 치열한 내전을 끝내고 등극한 카시아파 왕Kashyapa, 재위 479~497은 이곳 200m 높이의 거대한 바위 위에 요새를 건설했다. 바위산 주변 발굴된 마을과 오래된 정원 터를 지나자 거대한 사자상의 발과 발톱이 남아 있는 입구가 보인다. 바위틈을 통해 정상을 향하는 길은 한 사람이 간신히 통과할 정도다. 엉금엉금 기어올라가는 낭떠러지 벽에 화려한 벽화의 흔적이 남아 있다. 벽화 속 여인들의 모습은 인도 중서부 고대 석굴의 벽화들을 연상시키는데 좀 더 자연스럽고 우아해 보인다. 꼭대기에 이르자 하늘 아래 사방이 트였다. 시원한 바람이 불어 대고 바위산 아래 지평선 너머까지 밀림이 펼쳐진다. 바위 위 평평한 지역에는 궁전과 부속 건물 터가 남아 있고 빗물을 저장하는 저수지들도 보인다. 왕은 요새를 건설하며 이곳이야말로 난공불락이라고 믿었을 것이다. 그러나 이 세상에 영원한 것이 있을까? 이어진 전쟁에서 왕은 믿었던 부하들에게 배반당하고 패색이 짙어지자 끝내

자결했다.

수도 콜롬보로 향하는 길. 내전의 흔적이 남아 있는 작은 마을, 야자 잎으로 지붕을 엮은 평화로운 사원을 지나 깊은 숲으로 접어든다. 차창으로 향기가 전해지는 듯하더니 곧 과일 가게가 나타난다. 허름한 좌판에는 두리안과 망고가 수북이 쌓여 있다. 고슴도치 같은 두리안의 껍질을 가르자 누르스름하고 끈적끈적한 속살이 드러나며 달큰한 향이 퍼진다. 입안에 넣은 과육에서 배어나오는 진한 달콤함은 온전한 열대의 맛이었다. 그런데 자꾸 먹다 보니 어디선가 채소 썩는 듯한 냄새가 풍긴다. 두리안의 이 고약한 냄새는 깊은 열대 숲속 자신의 존재를 알린다. 과일을 먹지 않는 육식동물도 두리안이 풍기는 초식동물의 내장 냄새에 이끌려 이 과일을 먹는데, 이때 배설물을 통해 두리안의 씨앗이 널리 파종된다. 우리에게 악취로 느껴졌던 두리안 냄새가 동식물에겐 생존의 수단인 것이다. 지구상 가장 큰 꽃으로 알려진 라플레시아는 동남아 열대 우림에서 자생하는데, 꽃의 지름이 80cm이고 무게는 11kg에 달한다. 화려하고 매혹적인 외양과 달리 이 꽃은 심한 악취를 풍기는 것으로 유명하다. 파리 같은 곤충을 유도해 꽃가루를 옮기기 위함이다. 파리의 오랜 생존 방식은 썩은 내를 찾아 유기물질을 섭취하는 것이다.

결국 악취와 향기는 인간이 가른 개념일 뿐, 생태계 속에서 복잡하게 얽혀 있으며 인간 또한 그 사슬로부터 무관치 않다. 전설적 향료인 사향이나 영묘향도 짝을 유혹하기 위해 생식선에서 분비되는 물질로 향 자체는 콤콤한 고린내에 가깝지만, 다른 향과 어울리면서 포근한 살결 냄새를 만들어 낸다. 인간은 이 원초적이고 관능적 느낌에 오랫동안 매혹되어 왔다.

이른 저녁, 골 페이스 해변Galle Face Beach에 나왔다. 영국 식민지 시절 골프장과 경마 시설이 건설되었던 이 해변엔 넓은 잔디밭이 남아 있고, 멀리 유서 깊은 골 페이스 호텔의 모습이 보인다. 뜨거운 태양이 기울기 시작하는 초저녁, 사람들은 이곳에서 만나고 산책하고 어울린다. 한쪽에서 축구를 하는 청년들, 연을 날리고 있는 아이들이 보인다. 망고와 구운 새우를 파는 좌판에선 구수하고 향긋한 연기가 피어오른다. 바다 먼 곳에 화물선들이 떠 있다. 이 인도양 바다를 지나 예수의 제자 도마가 인도로 향했고, 오랜 세월 동양의 향신료와 차를 가득 실은 범선들이 유럽을 향했을 것이다. 해변은 점차 어두워진다. 따뜻하고 축축한 인도양의 바람이 불어와 여행 본능을 일깨운다.

라자스탄의 상인

차창 밖 사막 위로 해가 뜬다. 어젯밤 인도 아그라Agra를 출발한 열차는 이제 라자스탄Rajasthan의 타르 사막을 달리고 있다. 인도 북서부 파키스탄과 접경을 이루고 있는 라자스탄은 인도의 28개 주 중 가장 넓은 지역이다. 광대한 땅에 무수한 전통 왕국이 모여 있어 '왕Raj들의 나라Sthan'라고 불린다. 이 왕국들을 중심으로 자이푸르, 조드푸르, 우다이푸르 등의 도시들이 크게 발전했다. 사막을 지난 기차는 민가가 늘어선 마을로 닿아간다. 기차는 이제 조드푸르에 접근하고 있다.

조드푸르는 중세 이래 라자스탄의 중서부 지역을 지배한 말와르 왕국의 수도였다. 이곳의 힌두 왕조들은 13세기 인도 델리 지역을 지배한 이슬람 왕조, 그리고 이후 집권한 무굴 제국에 대항해 끈질기게 투쟁했고, 아크바르 황제Akbar, 재위

1556~1605는 이 지역 왕조들과 혼인 관계를 주고받으며 제국의 안정을 유지했다. 19세기에 이르러서도 이곳은 영국 식민 당국과 적절한 협력 관계를 이루며 라자스탄의 교역 중심지로 번영을 누렸다.

숙소에 짐을 푼 후 곧장 메랑가르 성Mehrangarh Fort을 향했다. 도시를 내려다보는 바위산을 올라가자 거대한 성이 나타난다. 그 너머 하늘엔 새 떼들이 맴돈다. 육중한 입구 건물을 통과하면 작은 시가지가 펼쳐진다. 전통 현악기를 켜는 거리 악사 주변에 사람들이 흥겹게 모여 있다. 황량한 사막 풍광 때문인지 여인들의 사리와 장신구는 더욱 화려하고 대담하다. 한편에선 터번을 쓴 노인이 한가하게 물담배를 즐긴다. 말을 붙여 보니 이 성을 지키던 군인 출신이라고 한다. 성곽 안 궁전은 정교한 힌두 양식으로 지어졌다. 섬세한 조각으로 장식한 창문과 베란다가 늘어서 있고 수많은 방과 전시실에는 전통 세밀화, 눈부신 공예품들이 즐비하다. '꽃들의 궁전'이라는 뜻의 풀 마할Phool Mahal은 찬란한 금박 장식과 거울, 스테인드글라스로 장식되어 있다. 정교하게 조각된 벽에는 인도 전통 신화가 그려져 있다. 오후 햇살이 스며들어 화려한 꽃밭이 펼쳐지는 듯 이 아

름다운 궁전은 당시 힌두 예술의 정점을 보여준다.

뜨거운 날씨에 지칠 즈음, 궁전 옆 카페에 들러 라씨(인도 전통 요구르트 음료)를 들이켠다. 짭짤한 맛에 진한 민트 향이 생기를 돋운다. 내려가는 길목엔 구시가지가 푸르게 펼쳐진다. 성 아래 해자 너머로 어른거리는 구시가지는 '블루 시티'라는 별명으로 불리는데, 건물들이 대부분 푸른색으로 칠해져서다. 그런가 하면 또 다른 라자스탄의 도시 자이푸르는 건물이 분홍색이라 '핑크 시티'로 알려졌다. 관광 도시 자이푸르에 비해 라자스탄 깊숙이 위치한 조드푸르는 척박한 가운데 전통이 잘 보존된 모습이다. 이곳에서 우리는 어딜 가든 몇 안 되는 외국인이었고 사람들은 순박하고 친근했다.

오후엔 조드푸르 북쪽 옛 도시 만도르Mandore에 들렀다. 6세기경 왕국의 주요 도시였던 이곳엔 오래된 궁전과 사원 유적이 남아 있다. 도시 공원의 숲을 지나자 원추형의 석조 사원과 정교하게 조각된 건물들이 나타난다. 사원 외벽은 나무와 꽃 형상의 복잡한 구조가 겹쳐 있는데, 주변의 나무 숲과 자연스레 어울리며 힌두 세계의 궁극을 이루는 듯한 모습이다. 인도 남부 사원의 고푸람에도 수많은 신과 인간들이 꽃들과 얽혀 새겨져 있는데, 이 또한 세상의 복잡함을 있는 그대로 받아들이고 표현한 것처럼 보인다. 사원 옆 정원과 연못은 잡초가 무성하고 황폐했지만 낡았어도 여전히 우아한 정자가 그 옛날 아름다움을 짐작하게 했다. 연못가에는 하얀 황소가 편안히 앉아 있고, 그 주변을 원숭이들이 몰려다닌다.

다시 조드푸르다. 복잡한 구시가지 입구에 한 고풍스러운 차 상점이 눈에 띈다. 입구에서부터 진한 향이 풍긴다. 3대째 명맥을 잇고 있다는 가게의 주인은 친근하고 능숙하다. 발효 향이 강한 아삼Assam 차, 은은한 다즐링Darjeeling 차, 매혹적인 재스민 차, 마살라 향이 넘치는 차이 외에도 수많은 향들이 겹겹이 쌓여 있다.

인도 아삼 지방에서 재배되는 차나무는 열대 종으로 강한 향이 특징이다. 영국에서 아침에 주로 마시는 '잉글리시 브렉퍼스트 티'도 아삼 차를 기본으로 한 혼합 차Blended Tea다. 차이 또한 아삼 찻잎에 우유와 설탕, 정향, 생강, 후추 등을 섞어 끓인 차다. 무더운 인도 날씨에 적합한 깊고 강렬한 맛이다.

영국은 인도 식민지를 운영하던 시절 중국 차나무를 인도에서 재배하려 했으나 실패를 거듭했다. 청나라가 차나무의 외부 유출을 엄격히 통제했고, 간신히 구한 차나무 묘종은 인도에 도착하기도 전에 말라 죽었다. 결국 동인도 회사 소속 의사였던 캠벨Archibald Campbell이 온대 기후인 히말라야 다즐링 지역에서 중국 차나무 재배에 성공했고, 은은하고 균형 잡힌 맛을 내는 찻잎을 생산하기 시작했다. 다즐링은 그렇게 세계적인 차 재배지가 되었다.

고대 중국에서 마시기 시작한 차는 일부 계층에서 명상과 수련에 사용되다 차차 대중에게 퍼져 나갔다. 차의 향기와 맛, 그 색깔은 오감을 자극하고 각종 다기와 다실의 조경이 어우러지는 차 문화가 지역에 따라 독특하게 형성되었다. 그 속에서 사람들은 심미안을 가다듬고 상상력을 발전시켰다. 차는 중국을 넘어 주변으로 전파됐는데 중앙아시아 유목민들에게 차는 중요한 비타민과 미네랄 공급원이기도 했다. 18세기 들어 차는 유럽에 소개됐고, 영국인들은 홍차와 본차이나를 중심으로 고유의 티룸 문화를 발전시켰다. 손님에게 차를 권하는 것은 가장 친밀한 환영의 의미가 되었다.

상점 주인은 고대부터 이어진 인도의 향 문화와 함께 가게에 쌓여 있는 여러 향을 소개한다. 인도에서도 고대 이집트처럼 신에게 바치는 제사에서 향은 빠질 수 없는 요소였다. 모헨조다로의 고대 유적에서는 향 증류 시설이 발굴되기도 했다.

처음 맡아보는 향들 속에서 오감이 발동하고 머리가 맑아진다. 특히 인도 중남부 지역 백단향 나무에서 유래된 샌들우드는 상큼하면서도 차분한 느낌이다. 이 향은 힌두교 시바 신에 대한 제사에서 신성하게 여겨지고, 인도 전통 의학인 아유베다Ayurveda에서도 중요하게 쓰여왔다. 재스민 또한 인도에서 오래 전부터 재배되었고, 힌두 시인들은 밤에 피는 재스민의 하얀 꽃을 '숲의 달빛'이라며 찬양했다. 재스민의 향은 고대부터 애용되었고 오늘날에도 재스민 없이 완성되는 향수는 찾기 어렵다. 주인아저씨가 건네는 재스민 향은 더없이 그윽하여 아찔할 정도다. 그는 어느새 차이를 준비하고 있었는데, 은은하게 퍼지는 앰버 향 속에서 진한 다향과 정향, 생강이 어우러진 차이의 맛은 최고였다.

시장의 아치형 정문을 통과하면 전통 양식의 시계탑 주변으로 시장 골목들이 이어진다. 델리의 전통 시장 찬드니 초크에 비하면 규모는 훨씬 작지만 토속적인 수공예품들이 화려하게 걸려 있다. 동네 터줏대감인 차 상점 주인이 추천한 옷감 가게를 방문했다. 4층 건물의 방들이 다양한 옷감들로 꽉 차 있고 계단에도 옷감이 널려 있다. 인도는 기원전부터 면사를 생산했고, 다양한 면직물과 함께 염색 기법을 발전시켰다. 근대 들어 이 면직물들이 인도 남서부 항구 캘리컷Calicut을 통해 유럽에 소개되면서 '캘리코Calico'라고 불렸고, 그 다양한 무늬와 비단 같은 감촉에 유럽인들은 매혹되었다. 영국은 밀려드는 인도산 면직물에 국내 직물산업이 붕괴될 지경에 이르자 직물 생산의 기계화를 통해 돌파구를 열었고, 이는 산업혁명으로 이어졌다.

가게 안내인은 홍차를 가져오며 인사를 하더니 옷감을 보여주기 시작한다. 늘씬한 청년이 다양한 색상의 무늬로 염색된 면직물과 비단들을 바닥에 펼치고, 이따금 자기 몸에 휘감으며 옷감들을 설명하는데 전문적이고 유창하다. 18세기 영국인들이 캘리코에 매혹된 것처럼 우리는 그 화려한 옷감들에 빠져들었고 시간 가는 줄 몰랐다. 또 다른 방에는 은은한 광택을 보이는 파시미나Pashmina 숄들이 가득하다. 히말라야 라다크 지방

염소의 가슴 솜털로 짠 이 모직물은 그 가볍고 탄력적인 촉감으로 잘 알려져 있다. 가게를 나와 다시 시장 골목을 걷자니 화려한 장신구, 가죽 제품 등 가게들이 이어진다. 향 가게에선 또 다시 알 수 없는 향이 스며 나온다.

다음 날 조드푸르를 떠나는 길, 다시 차 상점에 들렀다. 주인장은 우리가 그간 어느 가게에서 무엇을 샀는지 훤히 꿰고 있었다.

고대 이래 인간의 감각은 철학의 중요한 주제였다. 감각Sensation과 그에 따른 지각Perception이 진리를 파악하는 과정으로 여겨졌기 때문이다. 그리스 철학자 에피쿠로스Epicurus는 이렇게 지적하기도 했다. "감각이 진리가 아니라면 그렇게 말하는 당신은 무엇을 통해 진리의 개념을 알게 되었는가?"

이러한 연구 전통이 철학의 영역에서 위축된 것은 근대에 접어들어서다. 이성을 중시한 철학이 자리를 잡으면서 감각은 믿을 수 없는 비이성적인 것으로 여겨졌다. 데카르트는 '이성적 존재가 되려면 감각을 불신하라'고 주장했다. 인간의 오감 중에서도 비교적 이성적이고 논리적인 시각이나 청각에 비해 후각은 더욱 감정적이고 종잡을 수 없는 감각으로 간주되곤 했다. 그러나 후각이 우리 뇌 깊숙한 곳에 연결되어 근원적인 감정과 기억을 자극하고, 여전히 인간의 다양한 생리 기전에 관여한다는 것을 우리는 이제야 조금씩 알아가고 있다. 의학자의 입장에서 후각과 기억, 감정의 생리적 연관성을 탐구해가는 과정은 흥미로웠다.

이 책은 1990년대부터 최근까지 이어온 여정을 담고 있다. 오랜 기간 여러 곳을 여행하며 많은 사진과 기록이 남았지만 가장 생생한 것은 여행지의 독특한 냄새와, 그 냄새에 얽힌 감성적 기억이었다. 지구촌 곳곳의 삶이 고유의 냄새들을 만들어 가는 풍경, 그리고 그 냄새들이 그 지역을 특징지어 가는 과정을 전하고 싶었다. 무엇보다 냄새와 후각이 선사하는 그 풍부한 상상력과 감성적 즐거움을 함께 나누고 싶었다.

작년 여름 매우 긴 장마철을 보냈다. 축축한 대기 속 세상의 냄새는 더욱 진해지고 감각은 부풀어 올랐다. 흥분 속 글을 써내려 갔다. 즐거운 시간이었다. 해가 바뀌고 봄이 되었다. 비 온 뒤 아침 숲속은 온갖 향기가 진동한다. 솔잎 향, 젖은 흙냄새, 그 사이로 스며드는 꽃 내음. 한동안 아카시아 향이 산 전체를 휘감다 요즈음은 조팝나무 향이 상큼하다. 봄은 식물들의 발정기라 하던가? 좀 있으면 밤꽃의 비릿한 냄새가 흥분 어린 느낌을 전할 것이다.

훌륭한 작품들 중에서도 파트리크 쥐스킨트의 소설《향수》와 다이앤 애커먼이 쓴《감각의 박물학》, 트란 안 훙 감독의 영화 〈그린 파파야 향기〉는 특히 영감을 주었다. 부족한 저자를 시종 격려해 주신 중앙북스 편집부에 깊이 감사드린다. 여행의 대부분을 함께한 아내에게도 고마운 마음을 전한다.

함께 보면 좋은 영화

[그린 파파야 향기The scent of green papaya]

1993, 프랑스, 트란 안 훙

1950년대 베트남을 배경으로 한 소녀의 성장기를 그려냈다. 무이는 부유한 집에 하인으로 들어와 성장하며 주인 마님의 사랑을 받는다. 가세가 기울며 무이는 가까운 집안 아들의 하녀로 옮긴다. 피아니스트인 주인은 약혼녀가 있지만 무이에게 매혹된다. 영화는 당시 프랑스령 베트남의 독특한 문화와 풍광을 감각적인 영상과 음악으로 표현한다. 트란 안 훙 감독은 이 영화에 이어 〈씨클로〉, 〈여름의 수직선에서〉를 '베트남 3부작'으로 만들었고, 씨클로는 베니스 영화제 황금사자상을 받았다.

[노르웨이의 숲Norwegian wood]

2010, 일본, 트란 안 훙

무라카미 하루키의 소설 《노르웨이의 숲(상실의 시대)》이 원작. 주인공 와타나베는 1960년대 혼란의 시대 도쿄에서 대학 생활을 한다. 고등학교 시절 절친한 친구가 자살하고 그의 여자친구였던 나오코와 도쿄에서 우연히 만난 후 관계를 이어간다. 와타나베는 그녀에게 빠져들면서 미도리라는 활기찬 여학생을 만난다. 정신질환에 시달리는 나오코와 자기 확신에 찬 생명력을 뿜어내는 미도리 사이에서 와타나베는 과거와 미래 사이를 오간다. 트란 안 훙 감독은 이 영화에서도 베트남 3부작에 필적하는 유려한 영상을 선사한다.

[경계선border]

2018, 스웨덴, 알리 아바시

티나는 스웨덴 세관에서 근무하며 뛰어난 후각으로 밀수품들을 적발해 낸다. 미성년 포르노의 메모리 카드를 후각으로 찾아낸 그녀는 점점 더 강력범죄 수사에 관여하게 된다. 하루는 그녀와 비슷하게 독특한 외모를 가진 남자의 짐을 검색하게 되는데 그의 가방 안에는 파리 유충들이 가득 있었다. 파리 유충이 그의 주요 식량이었던 것이다. 이후 두 사람은 우연한 만남을 계기로 가까워지고 이 과정에서 티나는 그녀의 출생과 본성에 관한 비밀을 알게 된다. 독특한 내용과 영상의 이 영화는 '애정, 사회 현실, 초현실적 공포의 흥미로운 조합'을 보여준다는 호평을 받았다.

[붉은 수수밭紅高粱]

1988, 중국, 장예모

1930년대 중국, 가난한 집안의 딸인 추알은 나귀 한 마리 대가로 양조장 주인 아들에게 시집간다. 남편이 곧 죽고 그녀는 양조장을 이어받아 꾸려 나간다. 중일전쟁 속 항일 투쟁, 봉건제도에 저항하는 강인한 민초의 생명력을 강렬한 붉은색이 압도하는 화면을 배경으로 표현한다. 감독 장예모와 배우 공리는 이 영화로 국제적 명성을 얻으며 베를린 영화제 최고상을 받았다.

[인도차이나 Indochine]

1992, 프랑스, 레지스 와그니어

20세기 초 프랑스령 인도차이나를 배경으로 한 시대극. 베트남 남부 고무 농장을 운영하는 미모의 독신녀 엘리안은 사고로 죽은 친지의 딸 카미유를 입양한다. 엘리안은 한 프랑스 장교 장 밥티스트와 격렬한 사랑에 빠지는데 그는 우연히 사고에 말려든 카미유를 구출하게 된다. 카미유는 그에게 한눈에 반한다. 세 사람의 관계는 민족주의와 공산화로 혼란스러운 정국 속 전개된다. 카트린 드뇌브가 주인공 엘리안 역으로 농염한 연기를 보여주고 인도차이나의 아름다운 풍광이 넘치는 이 영화는 1993년 아카데미 최우수 외국어영화상을 받았다.

[카사블랑카 Casablanca]

1942, 미국, 마이클 커티즈

명배우 험프리 보가트, 잉그리드 버그만이 주연을 맡아 열연했다. 제2차 세계대전 초 독일이 점령한 프랑스령 모로코, 미국인 릭은 카사브랑카에서 카페를 운영한다. 어느 날 이 카페에 옛 애인 일사가 레지스탕스 활동을 하는 남편과 나타난다. 릭은 그녀를 향한 사랑에 갈등하며 이들이 나치로부터 탈출하게끔 돕는다. 아카데미 작품상 등 높은 평가를 받은 이 영화는 두 주연배우의 연기와 명대사, 감미로운 음악 등 영화 역사에 남을 전설이 됐다.

[클레오파트라 Cleopatra]

1963, 미국, 조셉 L. 맨키위즈

B.C. 1세기 로마에서 승승장구하던 시저가 알렉산드리아를 방문한다. 당시

이집트 프톨레마이오스 왕조의 권력 다툼 속에서 클레오파트라는 시저를 포섭하여 그의 후원 하에 파라오가 된다. 둘 사이에서 아들이 태어나고 클레오파트라의 지위는 확고해지는 듯했다. 그러나 시저가 암살되고 클레오파트라는 다시 시저의 후계자 안토니우스에 접근한다. 명배우 엘리자베스 테일러는 화려한 의상과 장신구를 걸치고 클레오파트라로 등장한다. 영화는 네 시간이 넘도록 전성기 로마와 알렉산드리아의 화려한 문화를 보여준다.

[화양연화花樣年華]

2000, 홍콩, 왕가위

1962년 홍콩, 기자인 초우와 회사 사무원 수는 같은 날 입주한 이웃이다. 두 사람은 우연히 그들의 배우자들이 불륜 관계임을 알게 되고 서로를 위로하는 가운데 가까워진다. 두 사람의 관계는 사랑으로 발전하고 갈등 또한 깊어진다. 평범할 수 있는 주제이지만 감독은 남녀의 미묘한 감정을 감각적으로 묘사한다. 21세기 최고의 영화로 꼽히는 작품으로, 칸 영화제 남우주연상을 포함해 수많은 수상 기록을 남겼다. 마지막 장면의 인상적인 자막은 조금씩 느낌이 다른 번역이 혼재한다.

참고 문헌

· 감각의 박물학, 다이안 애커먼, 백영미 옮김, 2004, 작가정신

· 감각의 역사, 진중권, 2020, 창비

· 거꾸로, 조리스-카를 위스망스, 유진현 옮김, 2007, 문학과지성사

· 골짜기의 백합, 오노레 드 발자크, 정예영 옮김, 2008, 을유문화사

· 균형이라는 삶의 기술, 이진우, 2020, 인플루엔셜

· 나의 꽃은 가깝고 낯설다, 에밀리 디킨슨, 박혜란 옮김, 2020, 파시클

· 녹파잡기, 한재락, 허경진 옮김, 2007, 김영사

· 도시를 걸으며 세계사를 즐기다, 한태희, 2019, 성균관대학교 출판부

· 로르카 시 선집, 페데리코 가르시아 로르카, 민용태 옮김, 2008, 을유문화사

· 무라카미 하루키 단편 걸작선, 무라카미 하루키, 유유정 옮김, 1992, 문학사상사

· 세계를 움직인 돌, 윤성원, 2020, 모요사

· 셰익스피어 4대 비극, 셰익스피어, 김인숙 옮김, 2000, 청목

· 식물학자의 식탁, 스쥔, 박소정 옮김, 2019, 현대지성

· 악취와 향기, 알랭 코르뱅, 주나미 옮김, 2019, 오롯

· 율리시즈, 제임스 조이스, 김종건 옮김, 1997, 범우사

· 의학의 위대한 발견, 콘래드 키팅, 한태희 옮김, 2017, 성균관대학교 출판부

· 이스트웨스트 미메시스, 카데르 코눅, 권 루시안 옮김, 2020, 문학동네

· 이불 시작, 이불, 2021, 서울시립미술관

· 전쟁 말고 커피, 데이브 에거스, 강동혁 옮김, 2019, 문학동네

· 카사노바 나의 편력, 자코모 카사노바, 김석희 편역, 2006, 한길사
· 풀의 향기, 알랭 코르뱅, 이선민 옮김, 2020, 돌배나무
· 플로베르, 김동규, 1995, 건국대학교 출판부
· 향기 탐색, 셀리아 리틀턴, 도희진 옮김, 2017, 뮤진트리
· 향수, 파트리크 쥐스킨트, 강명순 옮김, 1991, 열린책들
· 나무위키
· 우리역사넷, 국사편찬위원회
· 한국민족문화대백과사전
· A history of the world in 6 glasses, Tom Standage, 2009 Bloomsbury USA
· Leaves of Grass: Song of Myself, Walt Whitman
· Loss of Olfactory Receptor Genes Coincides with the Acquisition of Full Trichromatic Vision in Primates, Yoav Gilad, Victor Wiebe, Molly Przeworski, Doron Lancet, Svante Paabo, PLoS Biology 2004, 2: 120
· Mammalian odorant receptors: functional evolution and variation, Yue Jiang, Hiroaki Matsunami, Curr Opin Neurobiol. 2015, 34: 54
· Sleep changes vary by odor perception in young adults, N Goel, R.P. Lao, Biol Psychol 2006, 71:341
· Perfumesociety.org
· World History, Philip Parker, 2010 Metro Books
· Wikipedia

후각과 환상

초판 1쇄 2021년 8월 18일

글 한태희

발행인 이상언
제작총괄 이정아
편집장 손혜린
편집 안혜진
마케팅 김주희, 김다은

표지 디자인 onmypaper 정해진
본문 디자인 변바희

발행처 중앙일보에스(주)
주소 (04517) 서울시 중구 서소문로 100
등록 2008년 1월 25일 제2014-000178호
문의 jbooks@joongang.co.kr
홈페이지 jbooks.joins.com
네이버 포스트 post.naver.com/joongangbooks
인스타그램 @j__books

ISBN 978-89-278-1247-0 03900